当官不容易

领导枕边书
提升领导境界

李传方 [编著]

年用兵之際，聲威赫然，軍中所……叟叩首進言曰……寶也，謞置骨十夫……愕然問故。叟以對……因問究是何物。叟曰：「此貪夫之目睚骨也」故金愈多，其眼愈貪。……不知饜足，不見土不体。凡人堆金積玉追其死後，亦作如是觀……將軍默然。

貪夫之目

浙江大学出版社
ZHEJIANG UNIVERSITY PRESS

序

钟叔河

赵力行君写了本新书《当官不容易》，我没当过官，对此缺乏亲身体会，但从杂览中得知，当官的人，若要当一个清官，当一个敢于和贪官作斗争的清官，委实是不容易的。

《履园丛话》、《归田琐记》都记载过“天下第一清官”张伯行的事迹。清康熙时他做江苏巡抚，严拒下属送情送礼，传檄公示道：“一丝一屑，我之名节；一厘一毫，民之脂膏。拒一分，民受惠不止一分；取一文，我为人不值一文。谁云交际之常，廉耻实伤；若非不义之财，此物何来？”而且说到做到，谁知却惹恼了同城的总督噶礼。

噶礼为满洲亲信，习惯贪污受贿，张伯行要当清官，很碍他的事，便不断向皇上打小报告，说张“专事著书，猜忌糊涂，不理案牍”。康熙四十九年江南乡试，噶礼伙同考官贿卖举人，得银五十万两，张伯行接到举报，上疏参他。他却抢先出政治牌，反告张包庇戴名世《南山集》一案，奏云：“《南山集》刻板在苏州印行，伯行岂得不知？进士方苞以作序连坐，伯行夙与为友，不肯捕治”，都是要杀头充军的罪名。

督抚互劾，朝廷不得不派大员来查，噶礼有钱有势多方活动，张伯行一贯清廉不会交际，于是认定：贿案虽然属实，其罪只在考官，噶礼应予免议；张伯行虽与戴案无涉，参噶礼却是“妄奏”，当革职赎徒（罚款抵刑）。幸亏康熙想做明君，想保清官，另派人来复查，“复谳仍依原议”。这下圣心不悦了，谕云：“噶礼屡疏劾伯行，朕以伯行操守天下第一，手批不准，此议是非颠倒，着九卿詹事科道察奏。”就是要群臣会议，来评判噶、张的是非功过，但察奏的结果，仍是“互劾失大臣体，皆应夺职”。

皇上明明讲了“此议是非颠倒”的重话，为何还不把颠倒的是非再颠倒过来，还要混淆是非，各打五十大板呢？岂不是俗话所说：“贪官人缘好，人人都想保；清官自管清，个个都不亲”的缘故么，清官委实不容易当呀。

但康熙毕竟可算是位明君，他需要保全“天下第一清官”。噶礼政治上整人得利，利令智昏，又揭参江宁知府陈鹏年《重游虎丘诗》“诽谤”，想再制造一桩文字狱，以转移视线，并立功补过，这回却打错了算盘。康熙正在为群臣不明是非生气，遂谕云：“噶礼操守，朕不能信，若无张伯行，江南必受其朘削一半矣。即如陈鹏年稍有声誉，噶礼又欲害之……互劾之案，大臣往谳，皆为噶礼所制。尔等应体朕保全廉吏之心，使正人无所疑惧，则海宇长享升平之福矣。”这样张伯行始得留任，噶礼则终被革职（几年后他谋杀母亲未遂被赐死，则是别一案件，与张伯行无关）。

这是二百九十多年前的事情，如今已经没有皇帝，靠圣天子“保全”是难得了。清官贪官则总还是有的，我耳目闭塞，只能从报纸上找例子。督抚（省部）级的贪官至少有一陈希同，其制造“政治大案”的手法亦仿佛噶礼乎。清官如张伯行者虽则我尚未找到，但相信总是有的，希望他再“不容易”也要坚持下去。

公元2008年9月25日

于长沙城北之念楼

目录 CONTENTS

当 官 不 容 易

知书知理

养生养性

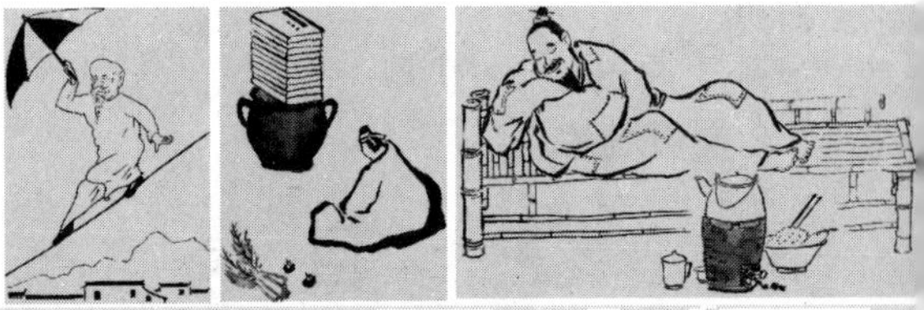

戒奢戒贪

位尊位卑

当 官 不 容 易

识人识世

官箴官德

遍搜千年史书　图说为官之道

蟹说

《与友人书》

明·黄虞龙

黄贞父先生谓甘蔗有渣，螃蟹有壳，皆是食物一恨。某对捣汁和酒，剥肉调羹如何？先生笑曰：《南华》节录，《史记》纂要，愈令人恨恨矣。

黄贞父即黄汝亨，字贞父，浙江仁和县人，明万历二十六年进士，曾在江西进贤县做过县令，“为政严明整肃，人不敢犯”，后隐居西湖雷峰塔右的小蓬莱读书课徒。黄是《西湖梦寻》作者张岱同时代的人，但年岁要比他大得多，是他的前辈。张岱曾随祖父去拜访过黄贞父。在张的记忆中，黄“面黧黑多髭须，毛颊，河目海口，眉棱鼻梁，张口多笑”，是一个性情中人。你看他，嫌“甘蔗有渣，螃蟹有壳”，恨不能将它们生吞活剥，活脱脱一副老顽童的嘴脸。但当有人提出何不将甘蔗榨汁、蟹肉作羹而食时，老先生又极力反对：这样做，无异于把《南华》、《史记》等好书节录一点给人看，吊人胃口，更不好受。据说黄贞父的办事能力极高，可以“耳聆客言，目睹来牍，手书回札，口嘱傒奴，杂沓于前，未尝少错”。真是吃吃也来，做做也来！

老读

《与友人书》

明·宋懋澄

年来神散，读过便忘。然必欲贮之腹中，犹含美馔于两颊，而不忍下咽。我之于书，味之而已。

这是宋懋澄给友人的一封信，讲了自己的读书感受。宋是明末著名的藏书家，所藏多秘本、抄本及名家校本。宋懋澄的诗文也颇出色，《杜十娘怒沉百宝箱》的故事，就出自他的原作《负情侬传》。藏书、读书，是宋一生的至爱。年纪老了，读的内容，记是记不住了，但还是想读。这种念头，就像肚饱眼不饱之人，将美食含在口中，不吃，品品味道也好。笔者不少同事也喜欢藏书，家中的书已经满箱满柜，估计一辈子都读不完了，但见了好书禁不住还是要买。这种心态，大约与宋老先生差不多。

为子释名

《名二子说》　　宋·苏洵

轮辐盖轸，皆有职乎车，而轼独无所为者。虽然，去轼则吾未见其完车也。轼乎，吾惧汝之不外饰也。

天下之车，莫不由辙，而言车之功者，辙不与焉。虽然，车仆马毙，而患不及辙，是辙者，善处祸福之间也。辙乎，吾知免矣。

唐宋八大家，苏家父子就占了三席，可见这户人家的厉害。

乃父苏洵，为子取名，深有讲究。大儿子名“轼”。他说：车轮、车辐、车盖和轸，也即车后的横木，都是车子的重要组成部分。而轼，只是车前用作搭手的横木，没有它，虽然卖相会难看一点，但毕竟不要紧。苏东坡从小

生性旷达，其父告诫他要像“轼”那样放低身段，注意“外饰”，而不要自以为是，锋芒毕露。

天下的车莫不循辙而行，虽然论功劳，车辙是没份的，但如果车翻马毙，也怪不到辙的头上。苏洵的小儿子性格平和，他为其取名“辙”，觉得这样很好，可以免祸。

明智的父母，总希望子女首先要学会生存，然后再寻求发展。苏轼后来也写有一首诗：“人皆养子望聪明，我被聪明误一生。惟愿孩儿愚且鲁，无灾无难到公卿。”讲的，实际上也是这个道理。

墙圮

《滦阳消夏录》

清·纪昀

安中宽言：昔吴三桂之叛，有术士精六壬，将往投之。遇一人，言亦欲投三桂，因共宿。其人眠西墙下，术士曰：『君勿眠此，此墙亥刻当圮。』其人曰：『君术未精，墙向外圮，非向内圮也。』至夜果然。

耕斋点评

这是作者从朋友处听来的一个故事。一个“精六壬”的术士与人一起去投靠吴三桂。六壬是占卜术的一种，据说“精准细致”，江湖上有“六壬神课”之说。投宿时，术士说西墙夜里要塌的，劝那人别睡在墙下。那人却说：“你卦术不精，墙是朝外塌的，有啥要紧！”到了夜里，墙果然朝外倒塌了。

这看来是一则宣扬迷信的故事，其实不然。因为记叙者纪晓岚后面有话：这个人能预知墙向内还是向外倒，怎么就不知道叛将吴三桂之必败乎？轻轻一语，就点出了此事的荒唐，认为这是“附会之谈”。看来纪晓岚不光是铁嘴铜牙能说会道，脑瓜子也灵清得很呢！

额外生员

《清代名人轶事》　清·葛虚存

南昌彭芸楣尚书元瑞，视学两浙，岁试禾郡。有童生某，年六十余矣，缴卷时，长跪自陈：『自童丱至今，历三十余试，今将就木，冀得一衿以为荣。』公笑颔之。案发，准作额外生员。批其卷云：『年在花甲之外，文在理法之外，字在红格之外，进在额数之外。』闻者笑之。

清乾隆时的工部尚书彭元瑞，字芸楣，南昌人，乾隆二十二年进士，史载其父、其弟、其子包括他自己，一家三代有四人被点为翰林，可谓身世显赫、家学渊源。

彭元瑞的文才的确不错，据说有一次乾隆皇帝宴请群臣时，曾出半联："冰冷酒，一点水，两点水，三点水"，让大家续对。群臣面面相觑，莫有能者，只见彭元瑞沉吟片刻，即席对曰："丁香花，百字头，千字头，万字头。"其急智和文采，让人称"对联天子"的乾隆都十分佩服。

但这位被乾隆手谕嘉奖为"异想逸材"的知识精英，为人却无半点骄逸之气，而有体恤下情之德。一次彭奉命视学两浙，在嘉兴主持岁试。有位年逾花甲的老童生，缴卷时跪在彭的面前哭诉道："自己从儿童时扎两个发髻至今，已经参加了三十多场考试。如今年老快死了，希望能考上，弄件秀才袍子穿穿，老脸上也有点光彩。"彭元瑞笑着点点头。发榜时，果然让他作了个"额外生员"。并在他的试卷上批道："年在花甲之外，文在理法之外，字在红格之外，进在额数之外。"看到的人都会意地笑了起来。谁说中国人没有幽默感！

"人活一张脸，树活一张皮"，这世道，有时候还真不能太顶真。

如此家教

《郎潜纪闻二笔》　清·陈康祺

邵二云学士垂髫时，侍寝于乃祖。每丙夜，老人睡醒，辄持学士足，令背诵日间所学书，或举经史疑义、前贤故实相告，语不熟记，则摇之使不得畅眠。以是学士湔润家语，卒成通儒。

清乾隆时的进士邵晋涵字二云，官做到侍讲学士，曾参与《四库全书》的编纂，是一个很有学问的人。古时儿童不束发，头发下垂，因而用“垂髫”指代学龄前的幼儿。邵二云“垂髫”时，晚上都是陪祖父睡的。小孩子火气旺，江浙一带都有这样的习俗，冬夜与祖辈睡一起，可以给老人“捂脚”。

老年人一般都有这样的习性，睡得很早，但到了半夜以后就醒了，且再也睡不着。邵二云的爷爷看来也有这样的毛病，每到丙夜，即三更，也就是晚上 11 时至凌晨 1 时的时段，就睡醒了。自己睡不着也罢了，这位老人却喜欢叫醒孙子，要他背诵白天所学的课文，完了还滔滔不绝地对他讲经论史、唠叨一些前人的故事。小孩子好睡，老人就摇他的脚，搔他的脚底板，使他不得畅眠。据说正是由于如此家教的滋润，才使得邵二云成长为一代大儒。

邵二云虽然功成名就，但史载其“少多病”，“清羸如不胜衣”，只活了 53 岁就一命呜呼了。追根究底，我想，这和他祖父半夜“骚扰”，使得他自幼睡眠不足，恐怕不无关系。

半部论语

《鹤林玉露》 宋·罗大经

赵普再相，人言普山东人，所学止《论语》。太宗尝以此论问普。普略不隐，对曰：『臣平生所知，诚不出此。昔以其半辅太祖定天下，今欲以其半辅陛下致太平。』

赵普是宋朝的开国功臣，曾在宋太祖时做过宰相，宋太宗继位后，他再度拜相。有人不服气，打小报告说："这个山东人，只读过一部《论语》，没啥学问的。"宋太宗听后就去问赵普，赵一点也不隐瞒，回答说："我这一辈子，的确只读了一部《论语》，过去用其一半辅佐太祖皇帝打天下，而今想再用一半帮助陛下您治理国家享太平。"

"半部《论语》治天下"这句话，就是从这里来的。

赵普年少时书虽然读得不多，但却是个实干家。他早年追随赵匡胤，策划陈桥兵变，为赵宋夺取江山立下了汗马功劳。待到做了宰相后，宋太祖劝他要多读书。据说赵普晚年手不释卷，公余回家，关门读书，常常通宵达旦；第二天上朝，处理问题，理论联系实际，十分得心应手。赵普去世后，家人打开他的箱子，发现里面没有别的，就只有《论语》二十篇，可见赵普读书的用功。所谓"半部论语"之说，完全是他的自谦之词。

可惜这样一位好干部，也被流言困扰。赵普生前被人中伤，认为仅仅读过一部《论语》没学问；死后更是被误解了上千年，打了对折，以为他只懂半部《论语》，便做宰相治理国家了。难道恰如胡适先生所说，"历史是个任人装扮的小姑娘"，还真的不能随便相信？特别是口口相传之事，众口铄金，看来是很容易走样的。

远近之辩

《博物志》　晋·张华

孔子东游，见二小儿辩斗。问其故，一小儿曰：『我以日始出时，去人近，而日中时远也。』一小儿曰：『以日出而远，而日中时近。』一小儿曰：『日初出时大如车盖，及日中时如盘盂，此不为远者小而近者大乎？』一小儿曰：『日初出沧沧凉凉，及其中如探汤，此不为近者热而远者凉乎？』孔子不能决。两小儿曰：『孰谓汝多知乎！』

张华是晋代著名的文学家，同时又以博物见长。据说他曾以《博物志》四百卷献晋武帝，武帝命删为十卷。现在看来下手太重，未免有点可惜。该书除分记山川地理、走兽飞禽等格物致知的内容外，也杂记有人物故事，读来饶有趣味。张的文笔也很浅显，几乎就是生活中的语言。本文中，二个小孩就“太阳是早上还是中午离地面近”展开了一场辩论，坚持早上近的说“太阳早上大中午小”，坚持中午近的则认为“太阳中午热早上凉”。双方各执一理，连孔子也作不了决断，反而遭到了小儿的嘲笑：“谁说你懂得的知识多啊！”

这问题，牵涉到日光照射的角度，是直还是斜；以及太阳周围参照物有没有……等知识，要几千年前专搞“人文”的孔夫子来回答，确实有点勉为其难。孔子讲究的是“知之为知之，不知为不知，是知也”。即使在两个黄口小儿面前，这位先师仍表里一致地恪守着自己的信条，孔子的伟大，或许正在于此。

虎父犬子

《栖霞阁野乘》　清·孙静庵

龚定庵尝詈其叔不通，父为半通。定庵子孝棋，喜改定庵文稿，每置定庵木主于案，凡改一句一字，则以竹击木主曰：『某句不通，某字不妥，若为我父，故改易，不敢欺饰后人也。』人传孝棋于英夷烧圆明园事，为之谋主，海内指为汉奸。

龚自珍（号定庵）一生志存改革，是晚清著名的思想家，可他的儿子却不入调，最终沦为了汉奸，真的是给龚家丢脸。

龚自珍这个儿子名橙、字孝棋，“幼而好学，天资绝人”，智商与学问和乃父一样，那是没得说的。龚自珍曾经骂他的叔叔文理不通，其父半通。龚孝棋深具乃父之风，他也喜欢修改父亲的文稿，动手前，总将亡父的神主木牌放在桌上，每改一句一字，便以竹击木主：“某句不通，某字不妥，你是我父亲，所以帮你修改，不致欺蒙后人。”

曾国藩督两江时，闻龚孝棋之才，想收为己用，特意设盛宴款待他。但酒过三巡，曾刚开口，龚就大笑说：“你最多给我一个监司的官职罢了。你不想想，像我这样的人，岂能屈居你的手下？我们今天只谈风月，不说这种事好不好！”弄得曾国藩十分无趣，“终席不复语”。

龚孝棋性格孤僻怪异，好为狎邪之游。他晚年自号“半伦”，直言自己无君臣、父子、夫妻、兄弟、朋友之道，只爱一个原为沪上名妓的小妾，五伦去了四伦半，故曰“半伦”。

初时，他混迹上海，结识了英国公使威妥玛，被招至幕府，周旋于旅居沪上的外国人中。据说威氏很赏识他，行动有护卫跟从，月致万金。所以，到了英法联军进犯北京，龚孝棋竟自告奋勇，将联军引进圆明园，并且抢先一步单骑直入，取金宝重器以归。后龚将这些宝物的一部分，运到上海变卖，所得用作嫖资挥霍，不久即因梅毒侵入大脑，发狂而死。

据冒鹤亭《孽海花闲话》载：英公使与清廷议和时，龚也赫然在座，席间对大清谈判代表恭亲王奕訢百般刁难。奕訢气不过，质问他世受国恩，为何为虎作伥？谁知龚脸无愧色，反而厉声说：“我父亲不得入翰林，我穷到靠外国人糊口，朝廷于我龚氏，何恩之有？”恭王瞠目不能对。

想不到龚自珍对天长吁：“不拘一格降人才”，自家所养，却是这样一票货色。又闻窃国大盗袁世凯的孙子袁家骝，倒是著名物理学家。不禁想到文革时甚嚣尘上的“血统论”：“老子英雄儿好汉，老子反动儿混蛋”，真正是一派胡言。

苦煞小儿

《避暑录话》 宋·叶梦得

饶州自元丰末，朱天锡以神童得官，俚俗争慕之。小儿不问如何，粗能念书，自五六岁即以次教之五经。以竹篮坐之木杪，绝其视听。教者预为价，终一经偿钱若干。昼夜苦之。中间此科久废。政和后稍复，于是亦有偶中者。流俗因言饶州出神童，然儿非其质，苦之以至于死者，盖多于中也。

我国封建社会的科举制度，到了宋朝，已是十分完备。为了激励读书做官，宋太宗决定“从娃娃抓起”，特设“童子科”：“十五岁以下能通经作诗赋者，应试后以予出身并授官。”宋真宗更是赋诗一首提倡读经：“富家不用买良田，书中自有千钟粟。安居不用架高堂，书中自有黄金屋。出门莫恨无人随，书中车马多如簇。娶妻莫恨无良媒，书中自有颜如玉。男子欲遂平生志，六经勤向窗前读。”

到了宋神宗元丰七年，饶州浮梁（今江西景德镇市）有个孩子名叫朱天锡的，小小年纪十一岁，据说就熟读《周易》、《尚书》、《毛诗》、《周礼》、《礼记》、《论语》、《孟子》等七部古代经典。礼部挑了其中的五部对他进行现场测试，这位小孩果然一字不误全背了出来。皇帝大喜，亲自召见了这位神童，赐“五经”出身并授予官职。

喜讯传到家乡，邻里羡慕得不得了：朱家小儿能以神童得官，我的孩子为啥不可以。于是，不管伢儿的智商如何，只要识得几个字结结巴巴能念书，从五六岁开始就教他们读“五经”。小孩子好动，为了不使分心，家长们甚至想出了“极办法”，把孩子放入竹篮挂到了树梢上，让他们一心读经。家庭教师都是事先谈好价钱的，教完一部经典给多少劳务费。教师为了多得酬金，更是逼迫孩童日夜苦读。

此后，这种童子科曾废除过，但到了宋徽宗政和年间又恢复了。期间也有碰巧学成考中的，因此民间都传言饶州出神童。但大多数孩子不是背书的天才，如此苦读以至于被折磨夭折的，实在比考中的要多得多。

对这种摧残儿童的极端做法，有识之士当时就多有抨击。南宋度宗时，饶州籍的一位侍讲李伯玉就曾上书“请罢童子科”，认为并非这样才能“成人材，厚风俗”。

耕斋点评

真不敢想像风中树梢那一只只装着孩子的竹篮。国人历来重视对子女的教育，但这种教育的目的，如果是“求功名”、谋一官，那往往会“走火入魔”。现在的孩子是不会再被挂上树顶了，但驮在自行车上，塞进私家车里……陀螺般赶来赶去培训这培训那的，和挂上树梢竟日苦读有什么不同?!

推己及人

《邵氏闻见录》

宋·邵伯温

有关中商得鹦鹉于陇山，能人言，商爱之。偶以事下有司狱，旬日归，辄叹恨不已。鹦鹉曰：『郎在狱数日已不堪，鹦鹉遭笼闭累年，奈何？』商感之，携往陇山，泣涕放之。去后，每商之同辈过陇山，鹦鹉必于林间问郎无恙，托寄声也。

陕西关中平原的一位商人，一次在宁夏南部的陇山购得了一只鹦鹉，居然会讲人话，自是十分喜欢。有一次，这位商人因犯了事，被地方当局拘捕入狱，关了十多天才释放。回家后他忿忿不平，不停地叹息。那只鹦鹉听到后说："先生在牢狱里呆了几天就吃不消了，鹦鹉我被你用笼子关了这许多年，那又怎么说呢?"商人闻言感悟，就把这只鹦鹉带往陇山，哭泣着将其放归山林。自此以后，每当有商人的朋友经过陇山，那鹦鹉便会在林间打听商人别后可好，请他们捎上自己的问候。

这是一则寓言式的故事，情节虽然简单，含意却十分深刻。

人类乃至所有的生物，就生理学而言，每一个体，都是孤独的。生老病死，别个都只能安慰扶助而已，最终的切肤之痛，还得自己抗，所谓"如鱼饮水，冷暖自知"。

所以，古往今来，不乏彻底"想开"的人。北宋赵匡胤的"卧榻之旁，岂容他人酣睡"。三国曹阿瞒的"宁教我负天下人，休教天下人负我"。法王路易十五的"朕死之后，管它洪水滔天"。就是这种极端个人主义的极端表白。

但人作为万物之灵，除了肉体的感觉，还有精神的感悟，所以能够由此及彼、感同身受、推己及人。

这也是人之所以有别于动物的地方。从这样的角度看问题，曾国藩说的"不为圣贤，即为禽兽"，应该没错。

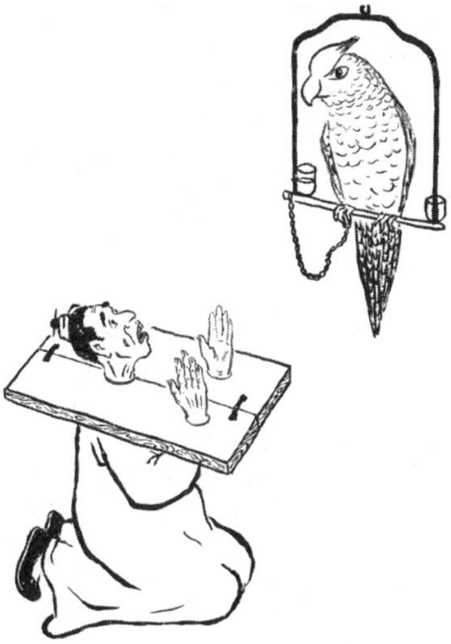

鉴此，我想，作为一个大写的人，至少应该做到"己所不欲，勿施于人"吧！

那么作为一个人中俊杰的官，恐怕更应"爱民如子"、"视民如伤"。

而只要人人如此，"老吾老以及人之老，幼吾幼以及人之幼"，"故，人不独亲其亲，不独子其子，使老有所终、壮有所用、幼有所长、鳏寡孤独废疾者皆有所养"，那么和谐社会，大约也就离我们不远了。

未能免俗

《世说新语》 南朝宋·刘义庆

阮仲容步兵居道南，诸阮居道北，北阮皆富，南阮贫。七月七日，北阮盛晒衣，皆纱罗锦绮。仲容以竿挂大布犊鼻裈于中庭，人或怪之，答曰：『未能免俗，聊复尔耳！』

阮仲容即阮咸，是阮籍的侄子。阮籍曾当过步兵校尉，人称“阮步兵”。阮家叔侄两人虽然同为魏晋时有名的“竹林七贤”，且皆有官职，但看来家底都不殷实。居住在道路北边的同姓家族都很富有，七月七日，乡俗要翻晒衣物，北边阮家晒出来的，都是纱罗锦缎。南边住着的阮仲容也把几条人称“犊鼻裈”的无裆布裤子，用竹竿穿着晾在了院子正中。旁人看了奇怪，他说：“未能免俗，就姑且用这些来充充数吧！”

阮仲容的做法，既从众，又从容，且不乏诙谐，真正体现了一种收放自如的魏晋风度。这种“不以物喜，不以己悲”的处世态度，值得赞扬。

少见多怪

《南亭笔记》　清·李伯元

仁和龚定庵尝述渠游某地，一友拉饮，柬曰：『赏松会。』私念松何言赏，至则园植一松树，高可四五尺，置酒其间，主人问客：『贵乡曾有此奇卉否？』笑曰：『敝地乃日以为薪。』主人疑其诞已，且藐视园中名植，色殊不怿。一客解曰：『龚君甚言其地之多产，理或不诬，非藐视君嘉树也。』主人始色定云云。

少所见而多所怪，世态比比然也。然岂有若赏松会之甚者，意者其寓言欤。

清代学者龚自珍（号定庵）以一首“九州生气恃风雷，万马齐喑究可哀，我劝天公重抖擞，不拘一格降人才”，而为毛泽东所激赏。作为其家乡，杭州还于上世纪末在葵巷修复了他的故居，辟为“龚自珍纪念馆”。

龚自珍是清道光朝的进士，其时清朝内忧外患，衰象已显。清廷为了强化专制统治，一方面以八股文作为科举考试的法定文体，以束缚人们的思想；一方面大兴文字狱，镇压知识分子。龚生性狂放，仕途坎坷不得志，对朝廷这种禁锢思想、扼杀人才的做法表示了极大的愤慨。他寄物咏志，曾写有《病梅馆记》，通过对人们扭曲、剪残梅树自然生态的谴责，呼吁要给人才的健康成长创造一个宽松的环境。

而李伯元《南亭笔记》记载的这篇“赏松会”，则从另一角度反映了龚崇尚自然的同一情怀。龚自珍曾说一次他到某地游玩，一位朋友请他喝酒，请柬上约的是“赏松会”。到了后才发现花园里种了一株松树，约有四五尺高，主人置酒其间，请大家品赏。主人不无得意地问客：“你们那里有这种奇树吗?”龚答道：“这种树，我们那是砍来当柴烧的。”主人听到后很不高兴，认为龚出言荒诞，竟看不起这样的名树。一位朋友打圆场说：“龚说这种树他家乡多得很，可能是真话，并不是看不起您。”主人脸色这才柔和了一点。而事实上这种松树江南的确到处都有，是这位主人自己孤陋寡闻了。

虽说像“赏松会”这般做法，未免有点过分，但世上“少所见而多所怪”这种事却比比皆是。君不见，椰枣树在中东干旱炎热的地方到处可见，但我们却偏要花巨资把它引种到西湖边来，北风一起，防寒保暖，平添了许多麻烦。如果龚自珍泉下有知，不知会对家乡这种搞法作何感言?

雪晨谢酒

《答张太史》

明·徐渭

当大雪晨，惠羔羊半臂及菽酒。

仆领赐至矣。

晨雪，酒与裘，对症药也。酒无破肚脏，罄当归瓮；羔羊半臂，非褐夫所常服，寒退，拟晒以归。

西兴脚子云：『风在戴老爷家过夏，我家过冬。』一笑！

这是我们绍兴老乡徐渭徐文长写给张太史的一封短信。

张太史名叫元忭，比徐渭小十七岁，是他老朋友张天复的儿子。

同是绍兴人，同样冰雪聪明，但这对忘年交的仕途却很不一样。张元忭年纪轻轻就状元及第，而徐文长八次应试，连一个举人都未考上。

坎坷的科举经历和不幸的家庭生活使徐渭身心交瘁，他曾多次自杀未果，又在一次狂病发作时误杀妻子。幸亏张元忭援救才得以出狱。

张元忭曾主持过岳麓书院，《明史》本传及《岳麓志》记载他“生有异质，又好读书”、“慨然以大贤自许”，学问道德备受史家称道。作为世侄，张对徐渭这位穷愁潦倒前辈的照顾是很尽心的。一夜大雪，清晨他就给徐送来了老酒和一件短袖羔羊皮袄。而徐渭回信虽自称“仆”，对所赐表示极为感谢，但“老酒喝光还得还瓮，皮袄我这种平民百姓穿着不像，寒潮过后晒晒也当奉还”。似受不受，似谢非谢，充分显示了徐落拓不羁的个性。信末引的一句民谚最有意思，萧山西兴曾是水陆码头，那里的挑夫不避寒暑常年辛劳，他们说：“风在戴老爷家过夏，我家过冬。”诙谐之中不乏讥讽：嫌贫爱富，人间已然，想不到老天也如此势利。

有字不如无字好

《小奢摩馆脞录》

清末民初·佚名

清陈宏谋退养林泉时，每与乡中父老聚谈为乐。至除岁前数日，乡人多有以春联索书，陈笑而受之。命其家各书标识于纸背，然绝不一书，亦不命其书记代作。届期乡人来索联，宏谋各以故纸还之。乡人大骇，问何不写字？陈曰：『有字不如无字好。』乡人欣然携归各贴门首。或问曰：『何无字？』乡人告曰：『陈公曰：「有事不如无事好。」故不用字也。』陈闻之亦大笑，后遂沿以为俗。

陈宏谋是雍正时的进士，乾隆年间，官至兵部、工部尚书，东阁大学士，可谓是个朝庭重臣。但这样一位高级干部，退休以后，却不愿以墨宝贻人。他给乡亲们的春联都是无字的，且说：“有字（事）不如无字（事）好。”

或以为陈宏谋真是一个不要事情的“滑落肩胛”，那你就错了。史载陈为官三十余年，在十多个省份当过行政长官，每到一地，都注重兴修水利、办学助教、整饬吏治，为老百姓办了许多实事。如在云南时，为了方便运粮救济边民，陈将原来劳苦的长途运输改为便民的短程递运。为了开发铜矿，他决然为矿工增加工资。陈所谓的“尠有事”，实际上是反对搞现在所谓的“政绩工程”。他在给一位友人的信中就说道：“爱国忠君存诸心不必宣诸口；利人济物为其事不必居其功。”

想不到这种“尠有事”的观点，竟与现代管理学不谋而合。近读海尔集团张瑞敏极力推荐的德鲁克《卓有成效的管理者》一书，这位管理学大师就说：“管理得好的工厂，总是单调乏味，没有任何激动人心的事件发生。”信哉斯言。其实岂止企业，地方、国家也是这样，越是太平富裕的，越是缺少“新闻”；而事情多的，往往不是因为穷困，就是因为贫富不均。若要改变这种现象，光靠大嗡大轰“搞运动”、“作秀”，是解决不了问题的，只有依靠踏踏实实的工作，才能“息事宁人”。

真总督

《椒生随笔》　清·王之春

陕甘总督杨忠武遇春入觐宣庙，一日上忽问：『汝公事之暇尚看书乎？』对曰：『臣不识字。』上又曰：『然则饮酒乎？』对曰：『臣不善饮。』上曰：『汝将何以自遣？』对曰：『听打鼓说书。』上曰：『听说书固好，如公事何？』对曰：『钱谷责之藩司，刑名责之臬司，兵政责之提镇，臣总其成而已。』上大悦曰：『真总督也。』

清嘉庆、道光年间的名将杨忠武是一介武夫，身经百战，靠勇敢和胜绩，由武将改任文职，官至陕甘总督。一天他进京觐见清宣宗，道光皇帝忽然问起："你公事之余看不看书?"杨答："臣不识字。"皇上又问："那么饮酒吗?"答说："臣不善饮。"皇上说："那你空下来怎么逍遣?"答道："听打鼓说书。"道光说："听说书当然不错，那公事怎么处理呢?"杨回答说："钱粮财赋由藩司负责，法律刑事由臬司负责，领兵防务由提督镇统这些军官去处理，为臣则总揽协调促使事情办成而已。"道光听后高兴地说："你真是一个名符其实的总督嗬。"

两百年前一个大字不识的武夫，有这样的管理识见，实属不易。史载这位冲锋时喜把一脸大胡子结成辫子，人称"杨胡子"的总督，治军亦很有章法。每到一地，他都抓紧一切时间练兵，将士叫苦，杨便训导说："我久历战阵，见得多了，平时训练刻苦的，上了战场身手矫健能杀敌立功；偷懒的，则往往丧命。我这样严训，完全是为了你们好啊！"

杨忠武用人也很有一套，他认为军营中无人不可用，耳聋的宜当勤务兵，可免泄漏军情；哑者宜令送递密信，可免添造词语；跛者宜令守放炮座，可免轻率走动；眼瞎的宜令伏地听远探测敌踪，眼睛不好的人耳朵往往特别灵。残疾人都好派用场，何况健壮的士兵?

人不可能样样在行，现代社会尤其如此。作为管理者，知人善任应是第一要务。遥想解放之初，我军很多将士转业地方，虽然专业知识有所欠缺，但他们尊重知识，尊重人才，仍把工作开展得轰轰烈烈。最怕的是某些混充内行的领导，自以为样样都懂，颐指气使，却往往瞎指挥坏了大事。

小港渡者

《春涵堂集》

清·周容

庚寅冬，予自小港欲入蛟川城，命小奚以木简束书从。时西日沉山，晚烟萦树。望城二里许，因问渡者：『尚可得南门开否？』渡者熟视小奚，应曰：『徐行之，尚开也；速进则阖。』予愠为戏。趋行及半，小奚仆，束断书崩，啼未即起，理书就束，而前门已牡下矣。予爽然，思渡者言近道。天下之以躁急自败，穷暮而无所归宿者，其犹是也夫！其犹是也夫！

这篇古文除了“奚”即“书童”，“阖”即“关”，“牡”即“门闩”外，通篇浅近，不难理解。

顺治七年冬天，鄞县人周容从小港想要进入镇海县城，吩咐小书童用木板夹好捆扎了一大叠书随行。

这个时候，西边的太阳已经落山，薄暮的烟雾缠绕着树林，从渡口眺望县城还有两里光景路程，周便问那摆渡的人："这样赶过去，不知道南门还开着吗?"那摆渡的人仔细打量了书童一番，回答说："慢慢地走，城门还会开着，如赶急了，那城门就要关上了。"周容闻言有些恼火，觉得船夫在戏弄自己。

匆匆而行走到半路上，书童摔了一跤，捆绳断了，书散了一地。书童哭着，慢慢爬起来，等到把书理齐捆好，前方的城门已下闩关闭了。

周容茫然若失，心想那摆渡人的话还真有哲理：天下那些因为急躁鲁莽给自己招来失败、弄得天快黑了还找不到归宿的人，大概就像这样的吧!

一件小事，能引来一个人如此大的感慨，一定是触动了他心中的痛处。

周容是明末清初著名的文学家和画家，一个普通的诸生，却深得御史戴殿臣的赏识。一次戴被海盗绑架，周毅然以身为质，代恩师受刑，致使一足被折，造成终身残疾。明亡后，周容的同乡张苍水一直在浙江沿海坚持抗清活动，但终因独木难支而告败。比张年长一岁的周容则选择了不与清廷合作的态度。他绝意仕途，削发为僧，每日青灯黄卷，专心学问，后因要侍奉老母，方才还俗。康熙十八年，朝廷开设词科，召周容进京，周坚辞不就，终老只是白衣。

周容夜行被阻的感慨，是因个人的身世而发，还是因朝代更替而生，抑或家国飘零二者皆而有之？史料阙如，我们今天已难以断定。但“欲速则不达”，这一古老的教训，在周容《小港渡者》一文中，再次被证实和强化。不知在快节奏的今天，我们读罢此文，会不会也像作者那样生发一些感触。

江湖郎中

《鹤林玉露》 宋·罗大经

朱文公有足疾，尝有道人为施针熨之术，旋觉轻安。公大喜，厚谢之。且赠以诗云：『几载相扶籍瘦筇，一针还觉有奇功。出门放杖儿童笑，不是从前勃窣翁。』道人得诗，径去。未数日，足疾大作，甚于未针时。亟令人寻逐道人，已莫知其所往矣。公叹息曰：『某非欲罪之，但欲追索其诗，恐其持此误他人尔。』

朱文公即南宋著名理学家朱熹。

朱熹活了七十一岁，断断续续做过九年不大不小的官，其余时间都用于钻研学术，潜心讲学论道。

著名学者钱穆先生曾在著述中论及："在中国历史上，前古有孔子，近古有朱子。此两人，皆在中国学术思想史及中国文化史上发出莫大声光，留下莫大影响。旷观全史，恐无第三人堪与伦比。"

但朱熹近代的名声却并不好。作为"程朱理学"、"存天理，灭人欲"的始作蛹者之一，特别是程颐提出了"饿死事小，失节事大"，他也表示赞同……朱熹在现代人的心目中，就成了灭绝人性的道学先生之魁首。

朱熹之功过和理学之是非，寥寥数语，无法作深层探讨。

这篇小文，只是让我们看到，其实朱之为人，并没有后人想像的那样迂腐。

朱熹有足疾，曾有一个江湖郎中来为他治疗。针扎艾灸以后，老夫子感到腿脚轻便了不少。朱十分高兴，重金酬谢的同时，还送给这个道人一首诗："好多年走路靠一根瘦竹撑动，想不到针灸还真有神奇之功。扔开拐杖出门，儿童看了发笑，这难道就是从前匍匐而行的老翁？"道人拿了朱熹手书的诗章，就离去了。没几天，朱熹足疾重新发作，且比没针灸前更厉害了。急忙派人去追寻道人，已不知道逃到那里去了。朱叹息道："我不是想惩罚他，只是想追回书赠的那首诗，唯恐他拿去招摇撞骗，误了别人的治疗。"

可见，朱熹实际上是一个颇为忠厚善良的老头。此类事，史籍记载的还真不少。例如有一次，朱熹到女婿家作客，女儿因家贫不能好好招待老父，深感内疚。朱熹知道女儿的心思，吃罢饭，走进书房，挥笔写下一首诗："葱汤麦饭两相宜，葱补丹田麦疗饥。莫道此中滋味薄，前村还有未炊时。"女儿看后，脸上顿露宽慰的笑容。朱熹待人随和，交友看重的是人品，而非地位。他在任职浙东提举时官居五品，理学永康学派的陈亮仅为布衣，找上门来与其争论"王霸义利"，一辩便是十天。在后来十多年的岁月里，两人书信往来由论敌结为挚友。朱熹一生淡泊名利，晚年失子，生活相当贫困，一位当官的朋友见其屋漏无以避风雨，欲为其盖房屋。他婉言谢绝道："此是私家斋舍，不当烦官司。"朋友怜其穷，愿从自己的俸禄中取一二周济之，也被朱熹辞谢。

可见评判历史人物，其为人为文，有时真的不能一锅煮。

丁谓溜须

《宋史》《寇准传》

乾兴元年，（寇准）再贬雷州司户参军。初，丁谓出准门至参政，事准甚谨。尝会食中书，羹污准须，谓起，徐拂之。准笑曰：『参政国之大臣，乃为官长拂须邪？』谓甚愧之，由是倾构日深。及准贬未几，谓亦南窜，道雷州，准遣人以一蒸羊逆境上。谓欲见准，准拒绝之。闻家僮谋欲报仇者，乃杜门使纵博，毋得出，伺谓行远，乃罢。

想不到成语“溜须拍马”的出典，居然和寇准有关。

作为北宋名相，寇准的德行是有口皆碑的。为了能让因受冤屈而隐匿的杨六郎复出抗辽，他曾夜访杨府，光脚追踪，终于感动六郎重新挂帅出征。传统名剧《寇准背靴》，爱好戏曲的人都耳熟能详。但好人总易被奸佞之徒欺骗，对丁谓，寇准就曾看走过眼。

丁谓是宋真宗朝奸臣“五鬼”之一。他比寇准要小五岁，出道虽迟，但机敏有智谋，文章过目成诵，繁琐案件一览能断，难怪寇准见而爱之，向宰相李沆力荐其才。李沆久不加用，寇准探问，李说：“像丁谓这样的人，可以使之居人之上么?”寇准反问道：“像丁谓这种人才，相公能永久抑之使在人下么?”李沆笑着说：“他日后悔，当思吾言之不诬。”后来寇准自己作了宰相，果然引丁谓入内阁当了参知政事（相当于副相）。

想当初，丁谓靠寇准推荐进入朝廷中枢时，对寇准极为恭敬。有一次他和寇准等朝臣在宰相办公的地方吃饭，寇准喝汤时不小心淋脏了胡须，丁谓立刻站了起来，用手绢轻轻地将寇准的胡须揩干净。寇准笑道：“作为参政，是国家的大臣，难道还要为长官揩胡须吗?”丁听了大感窘辱，从此记恨寇准，倾轧之意日甚一日。

果然，“一旦权在手，便把令来行”。真宗时，丁谓纠集另一位参知政事，迎合帝意，大搞封禅，排挤寇准，使其罢相。不久，又把寇准贬到雷州去当了一个司户参军。

谁料寇准被贬雷州不久，丁谓因经营真宗陵墓不力获罪罢相，也被贬往海南。丁谓途经雷州时，寇准派人送了一只蒸羊在路口犒劳他。丁提出想见见老领导，被寇准拒绝了。寇准得知家僮在商量想为自己报仇，就锁了大门让家僮在家尽兴赌博，不得外出，直到接报丁谓一行已经走远，这才罢休。

寇准路犒丁谓，这是他为官的礼数和宰相的肚量；但拒绝相见，则表明了自己做人的原则和对小人的鄙弃。

耕斋点评

凡在位时，溜须拍马最会巴结你的人，往往也是日后加害于你、落井下石最狠之人。古往今来，已有多少这样的教训，但权高位重之时，人们却总是喜欢听好话，小人之所以屡屡得计，原因可能就在这里。

四休

《遵生八笺》　明·高濂

太医孙景初，自号四休居士，山谷问其说，四休答曰：『粗茶淡饭饱即休，补破遮寒暖即休，三平四满过即休，不贪不妒老即休。』山谷曰：『此安乐法也。少欲者，不伐之家也；知足者，极乐之国也。』

北宋著名文学家黄庭坚（号山谷）有一个邻居，名叫孙景初。这位御医卜居乡间，生性淡泊，为人谦和，自号“四休居士”。黄山谷闲暇时常穿过草径到老人家中聊天。一次他问老人为何自称“四休”？老人答道：“粗茶淡饭饱了就停吃，补过的衣被能御寒就行，不缺衣少食平平安安能过日子就好，不贪婪不妒忌老了更应该懂得舍弃保持心态平和。”黄山谷闻之感叹：“寡欲知足，这真是家庭和睦人生幸福的难得良方啊。”

中国传统文化是很重视以德养生的，所谓“德润身”，所谓“仁者寿”，讲的都是这个道理。而“晚食以当肉，缓步以当车，知止以当富，无事以当贵”，节制自己对声色犬马富贵荣华的无尽欲求，是修炼这种道德素养的必要途径。曾见有《劝世文》曰：“道生于安静，德生于谦退。福生于清俭，命生于和畅。患生于多欲，过生于轻慢。祸生于多贪，罪生于不仁。”说得就更透彻了。

张文端养心法

《清代名人轶事》　清·葛虚存

桐城张文端尝云：五六年来得一法，一身五官百骸，听其与忧喜烦苦相缠绵。独守方寸灵府之地，制为一城，坚闭四门，不许忧喜荣辱进退升沉劳苦生死得失一切之念，阑入其中……更有安心一法，非理事决不做，费力挽回事决不做，败坏生平不可告人事决不做……用以每卧则酣，当食则饱，视斗室如千岩万壑。烛下浊酒一杯，以解肌劬；清琴一曲，以调心气。此则一二年来之又一进境，较之昔时急于进退，以致形神交困者，则差胜也。

张文端何许人也，只要提及“六尺巷”的故事，可能读者就会明了。却说清代有位宰相，一天接到家书，说是安徽老家旁的空地，被邻居越界筑墙占用了。宰相阅后，在信中批诗一首寄回，诗曰：“一纸书来只为墙，让他三尺又何妨。长城万里今犹在，不见当年秦始皇。”家人得书，遂将自家围墙拆让三尺，邻居受感动，也退让三尺，桐城“六尺巷”就此而来。而这位宰相，姓张名英，谥文端，就是本文的主人翁。

张文端宰相肚里好撑船，这样好的涵养，是如何修炼成的？

读了其自述的“养心法”，或许能略知一二。张文端说，通过五六年的修炼，他有如下心得：身体的五官百骸，你不妨听凭它去与忧喜烦苦相缠绵；而要把心灵修炼得如同城池一般，坚闭四门，不许忧喜、荣辱、进退、升沉、劳苦、生死、得失等一切杂念，擅自闯入其中。更有安心一法，那就是：不明智的事，坚决不做；力所不及的事，坚决不做；败坏生平不可告人的事，坚决不做……如此这般，便能每天睡得安稳，吃得酣畅，虽居斗室，却视野开阔，如同住在山林别墅内一样。晚来烛下浊酒一杯，以解疲乏；清琴一曲，以调心气。这是我近一二年来修炼达到的又一境界，与以前急于进退，以致形神交困，真是差别太大了。

可见好的心态，也只有通过刻苦修炼，才能达到。

耕斋点评

风雨听芦

《遵生八笺》

明·高濂

秋来风雨怜人，独芦中声最凄黯。余自河桥望芦，过处一碧无际，归枕故丘，每怀拍拍。武林唯独山王江泾百脚村多芦。时乎风雨连朝，能独乘舟卧听，秋声远近，瑟瑟离离，芦苇萧森，苍苍蔌蔌，或雁落哑哑，或鹭飞濯濯，风逢逢而雨沥沥，耳洒洒而心于于，寄兴幽深，放怀闲逸。舟中之人谓非第一出尘阿罗汉耶？避嚣炎而甘寥寂者，当如是降伏其心。

《遵生八笺》是明代高濂所撰的一本养生学专著。高是钱塘人，所以书中很多休闲游乐活动都与杭州有关。《风雨听芦》就是他“秋时幽赏”中的一篇。

秋天的风声雨声，在芦花飞白的芦苇荡中，听起来最令人伤感。王江泾百脚村现在不知在哪里了，明代的杭州，据说就那一带特多芦荡。高濂站在桥上望过去，真是一碧万顷。如果碰到连日风雨，能独自乘一只小船深入芦荡，躺在船上听悉悉蔌蔌的秋声，那才叫适意呢。雁群在沙丘上哑哑地鸣叫，白鹭在水面上欢快地飞翔，风吹得船篷逢逢作响，雨淅淅沥沥地下个不停，人身上虽然有点寒意，而心中却十分愉悦，寄兴幽深，放怀闲逸，感觉真是像神仙一样呵！要避开尘世的喧嚣，降伏燥动的凡心，风雨听芦，这真是一剂绝妙的良方。

古人养生，重在养心，故高濂此书专辟章节，介绍春夏秋冬各个季节拟进行的“幽赏”活动，强调通过应时的休憩来调养身心。除了“风雨听芦”以外，高濂建议秋天还可到“满家巷赏桂花”、“三塔基听落雁”、“胜果寺月岩望月”、“水乐洞雨后听泉”……今天我们也休闲，但几人会有真正的雅兴，像高濂那样独自乘舟，去风雨听芦，去与天地自然作一次心灵的约会呢？

养生

《颜氏家训》 南北朝·颜之推

夫养生者，先须虑祸，全身保性，有此生然后养之，勿徒养其无生也。单豹养于内而丧外，张毅养于外而丧内，前贤所戒也。嵇康著《养身》之论，而以傲物受刑；石崇冀服饵之征，而以贪溺取祸。往事之所迷也。

一个人能否尽享天年，有时候，是不仅仅靠“养生”就能够办到的。据说，春秋战国时，鲁国人单豹为了养生，独居深山，结果身体是练好了，性命却丧在一只饿虎口中。他的老乡张毅奔走于权贵之间，长袖善舞，外面很兜得转，但“过劳死”，四十岁就病夭了。西晋时的嵇康很懂得保养，写有《养身》专著，也因恃才傲物而遭杀身之祸。那时候还有一个叫石崇的，天天吃补药冀求长生，最终却因贪赃而掉了脑袋。所以颜之推告诫家人：要养生，先须避祸。否则命都没有了，还养什么生？现在有些人当了官，有了一点权，有了一点钱，也很注意养生。这没有错。但保养之余，恐怕也得扪心自问，有没有做过亏心事，祸害会不会找上门？

养生四诀

《杂著·其他》

近代·马一浮

食要少：甘淡薄，远厚味，随分有节，不贪不过，此却病之要。

睡要早：以时宴息，身心轻安，不昏不昧，不杂不扰，此养气之要。

心要好：常存爱人，不起瞋恚，与物无忤，自保太和，此调心之要。

事要了：『了』有二义。一『了』达义，谓洞达人情，因物付物，无有滞碍。二『了当』义，谓敏于作务，事至立办，无有废顿，此治事之要。

马一浮是我们浙江绍兴人。按照任继愈的评价，先生“治学广大而又精深，能会通儒佛，兼容文史，是一位难得的通儒”。马一浮生于 1883 年，卒于 1967 年，享年八十四岁，也算一位长寿的人了。这里，先生总结了养生的四个诀门：其中“食”、“睡”与生活方式有关，很好理解。笔者曾请教过一位老中医，他也一再告诫“若要身体好，夜饭吃得少”。至于“心要好”，这是儒家“仁者寿”的演绎，强调内心的平和对养生的重要。第四点“事要了”，马先生的见解最为独到。一是遇事要“明了”，不要“拎不清”，徒增烦恼；二是“今日之事要今日了”，事了心安，一觉睏到大天亮，身体不好也会好！

十恨

《幽梦影》

清·张潮

一恨书囊易蛀，二恨夏夜有蚊，三恨月台易漏，四恨菊叶多焦，五恨松多大蚁，六恨竹多落叶，七恨桂荷易谢，八恨薜萝藏虺，九恨架花生刺，十恨河豚有毒。

张潮是清代极具生活情趣的文人，著作等身，最著名的，有《幽梦影》、《花影词》等。说他有情趣，是有道理的。你看他写人生之恨，不恨“官不达”、“财不富”；而是关注身边草木虫鱼风花雪月的琐事。而不少时候，真正幸福的生活，特别是内心愉悦的感受，确实不是仅凭官位、财富便能获取的。热爱自然、真切地感受一瓢一箪之至味，简单的生活，或许也能如张潮般充满情趣。

或以为张潮沉湎风月，玩物丧志；殊不知性情中人自有伤时忧国的另一面。张有个姑表兄弟叫黄履庄，自小动手能力就很强，长大学了西方的几何和机械之学后，竟造出了“千里镜”、“显微镜”等多种“奇器”。张潮为其作“小传”，对“泰西人巧思百倍中华”提出了疑问，认为“岂天地灵秀之气独钟厚彼方耶”，“只因（我华人）不欲以技艺成名，且复竭其心思于富贵利也，不能旁及诸技”。对旧式的教育和人才观，提出了自己一针见血的批评。

说闲（三则）

《幽梦影》

清·张潮

一

人莫乐于闲，非无所事事之谓也。闲则能读书，闲则能游名胜，闲则能交益友，闲则能著书。天下之乐孰大于是？

二

忙人园亭宜与住宅相连，闲人园亭不妨与住宅相远。

三

能闲世人之所忙者，方能忙世人之所闲。

张潮《说闲》(三则)，也不过百字，古人为文，真是精致。

而今到处说“休闲”，但“闲”为何物，我看没有几个人能像张潮那样说到位的。至于“闲”了干什么，泡茶馆、搓麻将……假日到西湖边去看看就明白了。

对照老祖宗，我们真的是太不懂生活了。闲的时候，无所事事；忙的时候，常常又不知道在忙啥。张潮可不是这样的，当人们在为升官发财忙碌时，他在闲读、闲思……所以几百年后，当昔日的达官贵人灰飞烟灭，唯有张潮的闲文能流传于世，让我们后人有机会穿越时空与之神交。

昨夕眼泪为多事

《清稗类钞》

清·徐珂

沈文肃尝与友乘衢、严之江山船，船有妓，沈亦偶与调笑，同行者群病为佻达。迨过桐庐，则同舟诸人亦皆牵率为欢，莫能自禁，而沈独岸然不动。及抵钱塘，客与妓咸恋恋，或有涕泣相向者，次日舍舟登陆，以付资，妓与客计较不已，至出口相诟骂。沈悄然曰：『吾之所以不动者，盖早知必有此。故既有今日之诟骂，则昨夕之眼泪为多事矣。』

相传元末陈友谅和朱元璋争江山，兵败鄱阳湖，其部属九姓逃至浙东，被明太祖贬入舟居，不得上岸。这九姓人始以捕鱼运货为业，继而在船上召妓纳客。这种往来于钱塘江水系，从衢州常山、金华兰溪、经严州即今之建德，直到杭州的“花舫”，就是所谓的“江山船”，俗称“茭白船”。

却说一次沈文肃和一班朋友同乘这种“江山船”去杭州。沈文肃即清咸丰、同治年间曾任两江总督的沈葆桢（卒谥文肃），他的朋友，估计级别也不会低。上船后，艺妓殷勤接客，沈亦偶尔和她们开开玩笑，同行的都指责沈太轻佻了。待到船过桐庐，那班朋友耐不住寂寞，都去找妓女寻欢作乐了，只有沈一个人兀坐不动。直至船快到终点港杭州，那些人还恋恋不舍，有的竟与艺妓相拥而泣。第二天上岸要付钞票了，这些人和妓女为了价钱争吵不休，到了后来甚至破口相骂。沈葆桢看不下去，在一旁摇头叹息：“早知今日，昨天晚上又何必一把眼泪一把鼻涕呢。”

作为一个能臣，沈葆桢做事是很有分寸的。据说沈起初不过是九江的一个地方官，得到了曾国藩的举荐，才当上两江总督的。但有一次为了兵饷事，两人意见不合，沈照样“严辞劾曾”。有人说沈忘恩负义，沈慨然答道：“予知有国，不知有曾。予为国计，即有恩亦当不顾。”沈当总督后，其亲家想托他为一族子谋职。那人在沈家住了数月，沈葆桢都未予安排。后来沈问清此人全家一年开销需“百金”，干脆自掏腰包给了“千金”，打发他回家了。

对照沈的一班朋友，官员品质的优劣真是差别太大。你看这些同仁，开始时故作斯文要“面子”，继而挡不住诱惑贪女色，最终为几元钱撕破脸。真是：名誉诚可贵，情色价更高，若为金钱故，两者皆可抛。

惟谨而已

《老学庵笔记》　宋·陆游

青城山上官道人，北人也，巢居，食松麨，年九十矣。人有谒之者，但粲然一笑耳。有所请问，则托言病聩，一语不肯答。予尝见之于丈人观道院。忽自语养生曰：『为国家致太平，与长生不死，皆非常人所能。然且当守国使不乱，以待奇才之出。卫生使不夭，以须异人之至。不乱不夭，皆不待异术，惟谨而已。』予大喜，从而叩之，则已复言聩矣。

南宋爱国诗人陆游一生主张抗金，遭到投降派的压制，仕途坎坷；因母命与爱妻唐琬分手，婚姻生活也不如意，但由于注重养生，仍得享高寿，活了八十六岁才谢世。

陆游养生的诀窍很多，其中最简单易行的，就是“喝粥”和热水“洗脚”。这从他存世的诗作中就可看出：“世人个个学长年，不悟长年在目前。我得宛丘平易法，只将食粥致神仙。”“老人不复事农桑，点数鸡豚亦未忘。洗足上床真一快，稚孙渐长解烧汤。”

因为关注养生，所以陆对长寿的人也特别留意。四川青城山有一位老道，筑巢而居，以炒熟的松花粉为食，已经有九十高龄了。别人向他请教养生之道，他总是笑笑，借口耳聋，一语不答。一次陆游在丈人观道院碰到他，忽然听到他在自言自语：“为国家致太平，和长生不死，都不是常人所能办到的。但应当管理国家使不乱，讲究卫生使不夭，以待有才能的人出现。不乱不夭，都不需要特别的本事，唯一需要的只是谨慎而已。”陆闻言大喜，想再详问，那老道又装聋不答了。

人食五谷，必有百病，在医疗条件尚不足以根治所有疾患的情况下，作为个人，唯一能做的，只有“慎风寒”、“节饮食”……注意保养而已。研究太平天国的学者罗大纲自幼体弱，百病缠身，但善自珍摄，仍寿臻九五，就是最好的证明。

养生如此，治国也是同理。古人说“治大国如烹小鲜”，今天说“稳定压倒一切”，都是这样的道理。

青城山的老道能悟到这样的程度，看来的确是高人。

远避小人

《忆书》　清·焦循

汪容甫先生居玉井巷内，邻人数侮之。知先生恶鸡声，故畜雄鸡以譊之，且时发不逊之言。先生乃于左卫街别赁一屋避之。余是年假于寿宁之家，去其赁屋不远，遂数往来。余问何以避。曰：『邻人小人也，送官甚不难，然用昆吾刀切豆腐，殊为无味，故避之耳。』

这是清代焦循记汪容甫的一则轶事。焦和汪都是清乾嘉时的著名学者，又同为江苏江都人，只是焦比汪要小十九岁，作为后辈，自然对这位同乡先贤更多一份崇敬。

汪容甫满腹经纶，但无意仕途，终其生，不过是乾隆朝的一个“拔贡生”。清朝读书做官有两条路：一是正规的科举，秀才经乡试成举人，举人经会试为贡士，贡士经殿试为进士，授为翰林，外放为官；另一条则是通过考试或纳捐，进入国子监，成为贡生或监生，然后授以官职。拔贡生由各省教育长官即学政推荐，每府只有两名，且进京后要考试考察，如发现文句不通顺，选送的那个学政要按渎职罪惩处。鉴此，各级都不敢营私舞弊，拔贡生的素质往往比举人、进士还高。但拔贡说到底只不过是一个入国子监深造的秀才，要做官还得通过朝试，被皇帝认可后才能做七品小京官或知县。

而看汪容甫的履历，他似乎始终没有迈出“做官”这一步。现实从来就是如此残酷，作为一个布衣学者，对不起，你还得居住在市井陋巷，还得遭受恶邻不时的欺侮。尤为搞笑的是，一家邻居知道汪怕鸡鸣，便故意养了一只雄鸡来烦他。汪没办法，只好另租一间房子避开算数。焦循的老家离那屋不远，放假回乡时常去看汪。焦问汪何必远避，汪说：“那邻居是个小人，把他扭送告官并不难，但这好像用削玉如泥的昆吾刀去切豆腐，一点没有意思。”

从清代的一些野史上看，汪容甫其实是一个“性狷峭，喜论辩”之人。他恃才傲物，对一些蝇营狗苟的士大夫极其不屑，被他骂过的达官贵人不在少数，想不到对恶邻的骚扰却有如此的雅量，看来有学养的人，本心还是想远避小人。

烧饼铭文

《栖霞阁野乘》　清·孙静庵

阮文达为浙江巡抚时，其门生有入都会试者，偶于通州逆旅中，购一烧饼充饥。见其背面斑驳成文，戏以纸拓之，绝似钟鼎，即寄与文达，伪言某于北通古肆中见一古鼎，因无资不能购，某亦不知为何代物，特将铭文拓出，寄请师长与诸人共相考订，以证其真赝。文达得书，即集严小雅、张叔禾诸名士，互相商参，诸人臆为拟议皆不同。最后，文达乃指为《宣和图谱》中之某鼎，即加跋于后，历言某字某字，皆与图谱相合；某字年久，铭文剥蚀；某字因拓手不精，故有漫漶，实非赝物云。某门生见之大笑。

我看古人的传记，常会关注其生卒年份。孔子说“仁者寿”，过去医疗条件差，说仁厚之人一定长寿，倒也未必。但得享高寿者，往往道德高尚，为人宽厚，所以反过来说，“寿者仁”，倒有相当的道理。清乾隆朝的进士阮文达，即杭州西湖三岛之一“阮公墩”所纪念的阮元，生于1764年，卒于1859年，活了九十六岁，在“人生七十古来稀”的旧时，真是十分难得了。细读有关阮的史料，发现他的确是个仁者。

仁者的特点之一，是比较容易相信别人。阮元就为此上过好几次当。他虽然官至“大学士”，却对金石古玩很感兴趣。他在浙江当巡抚时，有一个门生寄来了一幅拓片。原来那门生进京赶考，途经通州时，买了一个烧饼充饥，见饼上烤焦的地方斑斑点点，很像古代的钟鼎文，便用纸拓了下来，寄给了阮元。谎称他在一家古玩店中发现了一只古鼎，因无资购买，亦不知为哪个朝代的东西，特将铭文拓出，寄请老师考证。文达得书，即召集了一帮名士来辨识，大家七嘴八舌意见不一。最后，阮元认为是《宣和图谱》中的某鼎，并在拓片上加跋，说上面的某些字，与图谱吻合；某些字因年久已经剥蚀；某些字因拓手不精，以致漫漶不清，确实不是赝品。那个门生知道后忍不住窃笑。

翻检史籍，这样的笑话竟还不止一起。阮元撰写《金石索》时，约请朋友帮忙搜集一些物证。有一位友人就从河里捡了一块石头，说是访寻来的古石器。阮元见上面纹理斑烂似有款识，信以为真，竟出巨资买了下来。后来这位朋友把他带到了河边，才知河滩上到处都是这种石头。

仁者的另一特点是宽厚，只要不是原则问题，揭短冒犯，调侃一下……都不以为忤，更不会记恨报复。正因为阮元生性如此，所以尽管他位高权重，朋友乃至学生，才敢跟他开这种玩笑。

好好先生

《古今谭概》

明·冯梦龙

后汉司马徽不谈人短，与人语，美恶皆言好。有人问徽：『安否？』答曰：『好。』有人自陈子死，答曰：『大好。』妻责之曰：『人以君有德，故此相告，何闻人子死，反亦言好？』徽曰：『如卿之言，亦大好。』今人称『好好先生』本此。

司马徽，就是那个汉末隐居在荆州，把诸葛亮、庞统推荐给刘备的“水镜先生”。据说他从来不在背后说别人的坏话，待人一团和气，开口总是说“好”。有人告诉他自己的儿子死了，司马徽竟也答说：“很好。”妻子责备他：“人家认为你有德行，才来相告，你怎么听到人家孩子死了，反也说好?”司马徽答道：“像你这么说，也很好。”今天人们说“好好先生”，来源就在于此。

查考史实，其实司马徽并不是一个无原则的人。他向刘备推荐孔明、庞统时，对儒生的评价就很褒贬分明：“儒生俗士，岂识时务? 识时务者在乎俊杰。此间自有伏龙、凤雏。”而同为俊杰，司马徽的评判又有不同，他对刘备说：“孔明与博陵崔州平、颍川石广元、汝南孟公威与徐元直四人为密友。此四人务于精纯，唯孔明独观其大略。”认为孔明的格局比其他四人更大。

汉末战乱频繁，一个明智的读书人，要“苟全性命于乱世”，谨言慎行，凡事说“好”，实在也是一种不得已的选择。这与太平盛世，为了“向上爬”或“拉选票”，而丧失原则一味奉迎的“好好先生”，是有人格的区别的。

痴聋阿翁

《因话录》　唐·赵璘

郭暧尝与升平公主琴瑟不调，暧骂公主：『倚乃父为天子耶？我父嫌天子不作。』公主恚啼，奔车奏之。上曰：『汝不知，他父实嫌天子不作。使不嫌，社稷岂汝家有也？』因泣下，但命公主还。尚父拘暧自诣朝堂待罪。上召而慰之曰：『谚云：不痴不聋，不作阿家阿翁。小儿女子闺帏之言，大臣安用听？』锡赍以遣之，尚父杖暧数十而已。

唐朝大将郭子仪的儿子郭暧，娶了代宗皇帝的女儿升平公主为妻，但夫妻关系一度不好。一次两人又吵架了，郭暧骂老婆："你倚仗老爸是皇帝，就好欺侮人了吗？我父亲还嫌憎这把龙椅，不想做天子呢。"公主被气哭了，奔回宫告御状。代宗听后，并不介意："你不晓得，他父亲的确是不想做天子。如不嫌弃，江山早就不是我家的了。"把女儿劝了回去。郭子仪听说此事后吓坏了，亲自绑了儿子上朝请罪。代宗反而宽慰老亲家："俗话说：不痴不聋，不能做阿公阿婆。小夫妻家中吵架时说的气话，你何必当真呢？"并送了礼物请他们回去。郭子仪只好打了儿子几十棍算作惩罚。

耕斋点评

郭子仪"安史之乱"时率兵打败史思明，收复洛阳、长安两京，对唐朝是立有大功的。他居功不骄，为人宽厚，获得朝野一致信服。但他的儿子就有点公子哥脾气了，经常和自己的老婆吵架，甚至还动手打过这位皇帝女儿，这就是后来的名剧《打金枝》。好在丈人老头代宗是个明白人，既知道大唐江山离不开中兴大臣郭子仪，又晓得做长辈的要会得装聋作哑。俗话说：父慈子孝，君仁臣忠。如果只有郭子仪的一腔孤忠，《打金枝》这出戏也就唱不下去了。

喜听好话

《清稗类钞》

清·徐珂

嘉兴钱文端公陈群居京时，有举子求见者，必极力赞扬。貌瘦，则赞其清华；体肥，则赞其福厚；至陋劣短小者，亦必谓其精神充足，事业无穷，各使得意而去。一日送客归，方解衣，子弟问客何人，尚书凝视良久，曰：『忘其姓名矣。』子弟曰：『大人如是称许，何遽忘之？』尚书笑曰：『彼求见者，不过求赞耳！赞之而已，又何必知为谁也。』

钱陈群是嘉兴人，小时候家境十分贫寒，常常吃了上顿没下顿。后来到京城替人抄书糊口，冬天买不起皮衣，只好用积蓄买了两只皮袖，自己把它缝在布袍里，使得抄书时双手不致冻僵。尽管贫困，但钱陈群读书仍十分用功。据说他曾带着两个弟弟在南楼攻读，请家人拆掉楼梯，到过年了才下楼一趟。如此苦读了二年，学问大进，康熙辛丑年钱终于考中了进士，雍正、乾隆年间一直在南书房值班，官做到了刑部侍郎，享受尚书的待遇，卒谥文端。

正因为出身寒微，所以钱陈群即使做了大官，为人仍十分谦卑。碰到来京赶考的学子求见时，他总是夸赞人家：瘦的，赞其清秀；胖的，赞其福相；遇到相貌丑陋的矮子，就夸奖他浓缩了人生的精华，今后肯定事业有成。一天，钱送客回来，家人问来的是谁？这位尚书想了半天，说：“忘记姓名了。”家人说：“您刚才如此称赞他，怎么会忘了呢？”钱笑道：“来求见我的人，不过想听几句赞赏而已！我就称赞他们几句，又何必知道他是谁呢。”

耕斋点评

喜欢听好话，这恐怕是人的共性。民间不是有这样的笑话：一个爱拍马屁的人，死后遭到阎罗的训斥。那人哭诉：“世人哪像您大王正直，他们个个爱听好话！”阎罗大王听了很高兴，便不再惩罚这个马屁精了。原来阎王也爱听奉承的话。

正因为奉承话满天飞，所以，反过来说，人贵有自知之明。

松不可倚

《新世说》 清末民初·易宗夔

阿云岩年少时，饮于总督鄂某园中。园有古松一株，横亭其下。颜曰：『倚松。』鄂固倚某权相为泰山者。酒半，阿因规之曰：『亭名不佳，松岂可倚者，大风折松，亭亦受其压矣，可不惧乎！』

满洲正白旗人阿桂，号云岩，是乾隆朝的军机大臣，曾率军定伊犁，讨缅甸，平大小金川，战功卓著，享年八十有一，图像被供奉在紫光阁，史称“出将入相，全寿全归”。

即使功高权重，阿云岩为人处世仍十分谦谨，而这一切，与他自小的识见是不可分的。据说阿云岩年少时，一次到一位姓鄂的总督家中赴宴。这家园中有一颗古松，主人在松下建了一个亭子，楣匾上书有“倚松”两字。鄂总督的岳父是当朝相国，他倚有这样的靠山哪能不自得。酒至三巡，阿云岩规劝主人说：“你这亭名取得不好，松是可以倚靠的吗？大风把松树折断，下面的亭子会被其压塌，难道你们就不惧怕吗！”

通观阿云岩的一生，的确不依不傍，全靠自己的真本事、真性情做人。

不恃才自负。阿云岩征金川时，一天安营已定，他又下令迁移。部下以天晚力阻，但阿坚持移营。结果当晚大雨，原来的宿营地被淹成了一片汪洋。部将都称颂阿云岩神奇，可阿却坦然说：“我有何异术，特见群蚁移穴，知地热将雨耳。”连清史学家都佩服阿云岩的坦诚：认为他“此举不难于先见，而难于实言。稍有权术者，必又以为遁甲奇门矣”！

不依傍权贵。阿云岩在朝中为官时，正是权相和绅得宠之时。史载阿与和绅同朝十多年，除了议政外，从不和他有个人交接。每次上朝，阿云岩都站得远远的，和这位奸臣保持十多步的距离，“愕然独立”。

不倚老卖老。阿云岩年届八十还上朝值班。他每天五更就上岗了，仔细校阅各方奏章，确认无误后，坐待天亮向上奏报。一次阿云岩与一位来看望他的部下说了心里话：“我年八十，可死；位将相，恩遇无比，可死；子孙皆已佐部务，无所不足，可死。”之所以还这么辛劳，实在是为了为国家再尽一点义务！

都说乾隆盛世，皇上圣明，我看正是有阿云岩这样忠诚的大臣，才有天下的安稳和岁月的静好。

不说假话

《邵氏闻见录》　宋·邵博

予见司马文正公亲书一帖：『光年五六岁，弄青胡桃，女兄欲为脱其皮，不得。女兄去，一婢子以汤脱之。女兄复来，问脱胡桃皮者。光曰：「自脱也。」先公适见，诃之曰：「小子何得谩语。」光自是不敢谩语。』

司马文正即司马光，这位北宋时的著名政治家、史学家、散文家，在世时官位显赫做过尚书，又曾领衔编写《资治通鉴》；死后被谥为“文正”，可谓功德圆满。

但上述行状，都不及他儿时的一次急智影响巨大，用石头砸破水缸救出玩伴，“司马光砸缸”，成了至今中国人妇孺皆知的佳话。

司马光出生在官宦之家，父亲司马池曾任兵部郎中，相当于今天国防部的副职，也算是朝廷要员了。但这位高干，对子女的家教却十分严格。司马光曾著文回忆说：“我五六岁时，得到了几枚青胡桃，姐姐想帮我把外面的胡桃皮剥掉，但总是不成功。姐姐走开后，一个女佣相帮用开水泡，才得以把皮去掉了。姐姐回来后，问谁这么能干把胡桃皮剥掉了。我说：‘我自己呀。’正好父亲看见了，斥责我说：‘小伢儿怎么能说谎！’从此，我不敢再说假话了。”

司马光的确说到做到，多年后，即使当了大官，他还是以“诚”作为律己待人的信条。晚年他住在洛阳时，有一天吩咐仆人把家中一匹马牵到市场去卖掉。仆人临走，司马光再三叮嘱：“这匹马曾得过肺病，有人来买时，一定要据实告诉人家。”仆人私下里笑他是笨伯，却不知他对人诚实的用心。

司马光去世后，苏东坡在他的墓道上刻石记铭赞叹道：“论公之德，至于感人心，动天地，巍巍如此。而蔽以二言：曰诚，曰一。”确是知己之言。

耕斋点评

养生养性

何谓清福

《快园道古》　明·张岱

金溪胡九韶学《易》洁修，每日晡，焚香顿首，谢天赐一日清福。妻笑曰：『一日三餐菜粥，何名清福？』九韶曰：『吾生无兵祸，家无饥寒，榻无病人，门无讼事，非清福而何？』

追求人生幸福，大约是古今中外所有人的共识。

但什么叫“福”，不同世界观价值观的人，自有不同的解说。

《韩非子》定义：“全寿富贵谓之福。”

清代的大学者张潮在《幽梦影》中，对“福”也有自己精到的见解：“有功夫读书，谓之福；有力量济人，谓之福；有学问著书，谓之福；无是非到耳，谓之福；有多闻直谅之友，谓之福。”

而明朝江西金溪人胡九韶，更是以自己的言行，诠释了“清福”的真义。

胡九韶是明代大儒康斋的学生。康斋是王阳明的师太爷，一生躬耕读书，修身养性，是继孔子之后“述而不作、信而好古”的少数大儒之一。

而胡九韶得其师真传，过了一辈子的清苦生活，却安贫守道，自得其乐。每天申时，即下午三点到五点的时候，胡九韶都要焚香磕头，感谢上天又赐给自家一天清福。妻子笑着说：“我们一日三餐吃的都是菜粥，怎么能算清福?”九韶说：“我一生没遭遇战乱兵祸，全家能吃饱穿暖，床上没有病人，出门没有官司缠身，这一切不是清福是什么?”

胡九韶对幸福底线的概括，真是精辟全面：天下太平、衣食无忧、全家健康、社会和谐。舍此，黎民百姓夫复何求？而在一个相对稳定的社会中，这些应当说是不难实现的。但我们总是怨天尤人不满足。原因不外乎二：一是“身在福中不知福”；一是享了清福想“洪福”、“艳福”……当然，争取更多的幸福，亦是人的天性和应有的权利。靠勤劳智慧去争取，应该鼓励。问题在于总有人心术不正，戴上一顶乌纱，有了一点权力，就耐不住自家寂寞，看不得别人致富。有一位贪官事发后反省：“我笔一批，就挑人家发财，不拿点回扣吧，心不甘睡不着；拿了贿赂吧，心不安睡不着。”如此心态，如此煎熬，真个是：拒贿惜日短，贪赃嫌夜长，反侧复辗转，何来清福享！

钱可通神

《幽闲鼓吹》

唐·张固

相国张延赏将判度支。知有一大狱，颇有冤滥，每甚扼腕。及判使，即召狱吏严戒之。且曰：『此狱已久，旬日须了。』明旦视事案上，有一小帖子，曰：『钱三万贯，乞不问此狱。』公大怒，更促之。明日帖子复来，曰：『钱五万贯。』公益怒，命两日须毕。明日复见帖子，曰：『钱十万贯。』公曰：『钱至十万，可通神矣，无不可回之事。吾惧及祸，不得不止。』

唐朝名相张延赏曾兼管“度支”。“度支”是官职名，因掌管贡赋租税，量入为出，所以这样称呼。张知道他管的这个部门有一个大的冤案，到任以后，就把办案人员叫来训斥了一通，命令他们十天之内要把这个案子了结。早上他到了办公室，发现桌上有一纸条，说：“送上三万贯钱，请不要过问这案子。”张大怒，督促手下抓紧审案。第二天条子又来了，说：“送上钱五万贯。”张更加生气了，命两天内必须将案子审毕。过了一天又发现条子，说是送上钱十万贯。张说：“钱至十万，可通神啦，已没有办不到的事了。我亦怕惹祸水，这案子就算了。”

耕斋点评

张延赏当任时，曾力主“省官消冗”，上疏皇帝“请减官员，收其俸禄”，还算是一位想干点事的大臣。但即使是这样一个高干，在金钱面前，居然也打了败仗。人家送三万五万，他还能坚持原则，等到摆在面前的钱达到十万时，他也守不住了。这位相国的解释是怕惹祸，而非贪赃。况且，他能当着下属的面坦陈自己的苦衷，还算是一个诚实的人。不像现在的有些贪官，人家送点小钱，他统统上缴给纪委，待到来了大钱，这才悄悄收下，真个是：又要做婊子又要立牌坊！

寻鱼鹭鸶

《该闻录》　宋·李畋

开宝中，神泉县令张某，外廉而内实贪。一日自榜县门云：『某月某日是知县生日。告示门内典级诸色人，不得辄有献送。』有一曹吏与众议曰：『宰君明言生日，意令我辈知也。言不得献送，是谦也。』众曰：『然。』至日各持缣献之，命曰『寿衣』。宰一无所拒，感领而已。复告之曰：『后月某日，是县君生日，更莫将来。』无不嗤者。众进士以鹭鸶诗讽之云：『飞来疑是鹤，下处却寻鱼。』

这篇短文的看点在于“外廉内贪”。

北宋开宝年间，神泉县令张某，外表清廉，内心实际上却很贪婪。一天，他自写一纸榜文贴在县衙门口：“某月某日是本知县生日。特告示衙门内的各级干部，到时不得献礼贺寿。”有一下官看后和大家商议说：“一把手把自己的生日挑明了，意思是让我们心知肚明。说是不得献送，不过是客气罢了。”大家说：“的确是这样。”到了生日那天，每个人都带了细绢去献礼，说是就当做寿缝件新衣服吧。县令来者不拒，只不过嘴巴上感谢几句而已，且一一叮嘱：“下个月某日，是我太太生日，你就不要再来送礼了。”大家听了，没有一个不在背后嗤笑的。一些进士还以写鹭鸶的几句诗：“飞来疑是鹤，下处却寻鱼”，来嘲讽这位“外廉而内实贪”的县令。

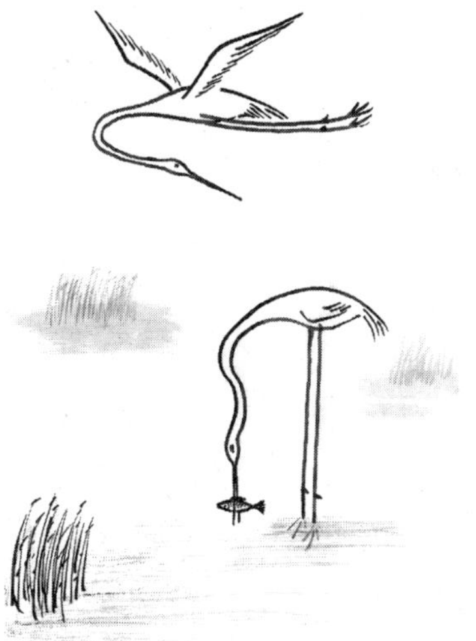

鉴人之难，难就难在识别伪装。

据说清朝的中兴大臣曾国藩是懂相术的，《清史稿》记载说：“国藩为人威重，美须髯，目三角有棱。每对客，注视移时不语，见者悚然，退则记其优劣，无或爽者。”他著有一部《冰鉴》，讲的就是其相人识人的心得。

而科技发达的现代，沈阳一家公司宣称研发出了一套“贪官识别”软件，通过系列定量心理分析，能判断公务员对权力和财富的贪欲程度。

“莫测是人心”，无论古代的相术还是现代的电脑软件，都难测表里不一、人格分裂的巨贪。

但尽管隐藏得深，贪赃总会露出马脚。

唐朝的裴佶也曾讲过一个“外廉内贪”的故事，说的是他的姑夫，政声清廉，一次下朝回家，口出怨言，说同僚都讲寿州崔刺史的好话，一定是都被他贿赂了。话音未落，门房来报：“崔刺史求见！”裴佶的姑夫正在气头上，拒绝相见。然而姓崔的死皮赖脸不肯走，姑夫只得让他进了门。但不一会，就听到姑夫吩咐仆人上茶，接着又吩咐设宴款待。裴佶的姑姑看不懂了，客人走后，问老公何以“前踞而后恭”。姑夫挥手打发裴佶离开，裴偶然回头，看见他姑夫正拿出一张上书赠绢千匹的单据给老婆看，脸上有按捺不住的喜色。

却原来貌似餐风宿露的仙鹤，竟也是一只偷荤吃素的鹭鸶！

下马常例

《宋稗类抄》　清·潘永因

宋时有世赏官王氏，任浙西一监。初莅任日，吏民献钱物几数百千，仍白曰『下马常例』。王公见之，以为污己，便欲作状，并物申解上司。吏辈祈请再四，乃令取一柜，以物悉纳其中，对众封缄，置于厅治，戒曰：『有一小犯，即发！』由是吏民警惧，课息俱备。比终任荣归，登舟之次，吏白厅柜。公曰：『寻常既有此例，须有文牍。』吏赍案至。俾舁柜于舟，载之而去。

因祖上有大功，由朝廷颁赏官职者，称为“世赏官”。宋朝就有这样一位王姓高干子弟，被封赏到浙西任职。到任的第一天，当地的官员和百姓向他献上了好多钱物，说是为新官上任的“接风惯例”。王某见了，认为是对自己的侮辱，便要打报告，连同这些财物，一并呈报上级处置。下属再三地祈求，王某才命人取来一只柜子，将那些财物全部装进柜中，当众贴上封条，放在衙门的厅堂内，并告诫属下说：“只要稍有差错，我就将此事呈报上级。”自此下官和草民都战战兢兢，奉公守法，不敢有违。后来王姓官员任期届满，登船荣归故里之前，下官问他厅堂上的那柜东西怎么处置。王某说：“往常既然有这样的规矩，那也要有个白纸黑字的凭证啊。”下官把赠送文书写好送上，王某这才命人把柜子抬到船上，满载而去。

王姓官员这样的做法，历来都是得到肯定的。

明朝冯梦龙对他的评语是：“不矫不贪，人己两利，是大有作用人，不止巧宧已也。”认为这位官员不矫作，不贪婪，最后人己两利，是一个大有作为的人，而不是个油滑奸诈的官老爷。

耕斋点评

当代国学大师南怀瑾在解析《素书六章》时，也举了这个例子，并将其和“三国刘备当仁不让取徐州”相提并论，认为“顺其势利，当取则取”，没有错处。

但我却总是觉得有点不对，因为这个王某的作为，太像现在的一些贪官了：

让行贿者把钱财暂且留存，待到自己调任乃至退休后再提取。

礼品不妨留下，但为了证明那是自己出钱买的，你要给我一张发票。

如果是名人画作，那就请给一张拍卖行的凭据。

“又要做婊子，又要立牌坊”，这就是古今贪官真实心态的形象写照。

而一旦贪赃行为如宋朝那样成为“常例”，那就更令人心忧。孟州牢城里的差拨向武松索钱，沧州监狱里的牢卒向林冲索贿；就连后来上了梁山的神行太保戴宗，在江州当押牢节级即牢长时，也责骂因杀了阎婆惜而落狱的宋江：“你这矮黑秀才！倚仗谁的势要，不送常例钱给我？”应当说，北宋末年农民起义风起云涌，和官场上下腐败成风不无干系。

秦桧专权

《老学庵笔记》 宋·陆游

秦丞相晚岁权尤重。常有数卒，皂衣持梃，立府门外，行路过者，稍顾视謦咳，皆呵止之。尝病告一二日，执政独对，既不敢它语，惟盛推秦公勋业而已。明日入堂，忽问曰：『闻昨日奏事甚久？』执政惶恐曰：『某惟诵太师先生勋德旷世所无，语终即退，实无它言。』秦公嘻笑曰：『甚荷！』盖已嗾言事官上章。执政甫归，阁子弹章副本已至矣。其忮刻如此。

秦桧晚年大权独揽，作威作福，行人经过宰相府门口，稍微瞟一眼、咳一声，都会遭到卫兵的呵斥。一次这位奸相病了，执政即副宰相独自上朝，在皇帝面前不敢言它，只是一味推崇秦桧的功业。第二天，秦桧见到了这位执政，忽然问道："听说你昨天与皇上谈了很久?"那位执政吓坏了："我只是说了太师您的功德无量，实在没有对皇上说什么啊。"秦桧笑笑，实际上已唆使谏官弹劾，执政刚回家，免职的文件副本便下达了。秦桧对同僚的忌刻，真是到了无可复加的程度。

由此想及，大凡奸人，心理总是十分的阴暗。他们疑人疑鬼，甚至容不得下级与上司独处，总以为别人会借此机会告自己的御状。这些小人自己整人，往往以为别人也在背后算计他。做人做到这种份上，惶惶不可终日，真的也毫无乐趣可言。

蛋笋生钱

《朝野佥载》 唐·张鷟

唐益州新昌县令夏侯彪之初下车，问里正曰：『鸡卵一钱几颗？』曰：『三颗。』彪之乃付十千钱，令买三万颗，谓里正曰：『今未便要，且寄鸡母抱之。』遂成三万头鸡。经数月长成，令吏卖，一头三十钱，得九十万。又问：『竹笋一钱几茎？』曰：『五茎。』又取十千付之，买得五万茎，谓里正曰：『吾未须笋，且林中养之。』至秋竹成，一茎十钱，积成五十万。其贪鄙不道，皆此类。

民谚说“三年清知府，十万雪花银”，可见旧时的官僚敛财之狠。善良的人们不禁要问，这些银子从何而来？其实四个字就可概括：“巧取豪夺”。

衙役横行、牵羊抢粮般的“豪夺”，过去的电影电视上我们见得多了；但如文中所述唐朝县令夏侯彪之那样的“巧取”，可还真没领教过。你看这位县官刚上任，下车伊始，便问当地的村干部：“鸡蛋一元钱几个?”答说：“三个。”他就掏出一万元钱，让买三万个，并对这位村干部说：“这些蛋今天我不便带走，寄放在你这里让老母鸡孵着吧。”不久孵出了三万只小鸡。几个月后养大了，夏侯彪再叫手下把这些鸡卖掉，一只三十元，卖得了九十万元。彪之又问村干部：“竹笋一元钱几株?”回答说：“五株。”他又取出一万元钱，买了五万株，对村干部说：“我不需要笋，暂且留在竹林中养着吧。”等到秋天笋长成了竹，一株可卖十元，彪之又到手五十万元钱。这位县官的贪财之道，就是这样巧妙。

现代养殖业发展，蛋笋是不值钱了，但“戏法人人会变，各有巧妙不同”，类似夏侯彪之的贪赃术，却从来没有灭绝过。有从企业强购原始股，上市后掘一票的；有向名家低价索要字画，拍卖“赚”得大钱的；有利用手中权力批地造房，让儿子女婿的房产公司赚得杯满缸溢的……凡此种种，表面上似乎钱货两清，实际上都是变着法儿把别人乃至公家的钱掠为己有，其行径，真比明火执仗的盗贼还卑鄙。

以人为盂

《古今谭概》　明·冯梦龙

苻朗尝与朝士宴。时贤并用唾壶。朗欲夸之，使小儿跪而张口，唾而含出。

南（朝）宋谢景仁性整洁。每唾，辄唾左右人衣。事毕，即听一日浣濯。每欲唾，左右争来受之。

严世蕃吐唾，皆美婢以口承之。方发声，婢口已巧就。谓曰『香唾盂』。

随地吐痰，是国人的恶习。满清大臣李鸿章出使英国，将浓痰吐在了白金汉宫名贵的地毯上，被传为中外笑柄。更有甚者，竟将家仆作为痰盂，把自家之痰，吐入别人之衣之口的。

魏晋名士苻朗曾和东晋朝的官员聚餐。当时，痰盂刚刚风行，名叫唾壶，深受时尚人士推崇。苻朗为了出风头，别出心裁，要吐痰了，叫侍童跪而张口，含着他的痰后再到外面去吐掉。

东晋末年名臣谢景仁喜欢整洁，每次口中有痰，就吐在身边仆人的衣服上。吐完后，就放一天假让他们去洗衣服。每当谢想吐痰了，身边的仆人都会争着让他来吐。

而明朝的严世蕃，吐痰都要漂亮的侍女用口来接。严刚刚咳一声，婢女的嘴已张开对准了，人们戏称这种痰盂为“香唾盂”。

为人竟有如此骄奢淫逸的，真是世所罕见。

翻检这几个人的家谱，苻朗是前秦皇帝苻坚从兄的儿子，虽然苻坚在淝水大战中被谢安打败了，但不影响他的这个侄辈过放诞的生活。据说苻朗还有这样的本事，吃鸡肉可判断鸡的生长环境，吃鹅肉能讲出这鹅的毛色是白的还是黑的。如果不是家禽吃得多了，大约也练不成这手绝活。

谢景仁本身就是一个高干，东晋时官至左仆射，后又与南朝宋武帝刘裕结为儿女亲家。

严世蕃就更牛了，父亲严嵩是明嘉靖朝的首辅，独揽朝政十五年。自己也凭借父亲的权势，当上了工部左侍郎。

显而易见，这些人之所以敢如此显摆，是因为有背景也！

中国人是历来提倡“惜福”的，所谓“有福不要享尽，有权不要用尽”。提倡为官勤廉，为人慎独。但总有人不以为然，以为自己家中有钱，朝中有人，手中有权，靠山石硬，就胡作非为，不知天高地厚。

但再硬的靠山也有坍塌的一天，到头来，欠账还得自己还。君不见，苻朗终因得罪同僚，刑场被斩；严嵩失势后，严世蕃亦株连，先被发配雷州，潜逃回乡后恶习不改，终被嘉靖皇帝下旨“斩于市”矣。史事如镜，真不知临镜可有几人悚然？

豪厕

《语林》　东晋·裴启

刘实诣石崇，如厕。见有绛纱帐大床，茵蓐甚丽，两婢持锦香囊。实遽反走，即谓崇曰：『向误入卿室内。』崇曰：『是厕耳。』实更往。向乃守厕婢。所进锦囊实筹。良久不得，便行出，谓崇曰：『贫士不得如此厕。』乃如他厕。

石崇是东晋时有名的贪官，生活十分奢侈。一天，太傅刘实到石崇家里去看他，想上厕所。进去一看，发现里面架着一张大床，帐子和被褥都很考究，还有两个婢女手持香囊在侍候。刘实以为是误入了石的卧室，急忙退出。石崇说："没错，那就是厕所。"刘实又前往，才知道刚才那女的实际上是守厕的丫环，递给的锦囊则是厕筹，用来代替木片石片便后擦屁股的。刘在这样奢华的厕所里蹲了好久也拉不出，只好走出来对石崇说："看来像我这种贫士是不配上这种厕所的。"于是换了另外的厕所。

耕斋点评

看来富了以后怎么办？这问题，自古以来就没有好的答案。石崇聚财的"原罪"暂且不论，暴富后怎么做人？我看他也一点没谱。要么与别人斗富；要么将厕所弄得像皇宫一样豪华。偏偏还有人不领情，美女在旁边盯着，香袋儿在手里捏着，换了我，这大便一时半刻，恐怕也是拉不出的。思量即便是风雅之事，也要有一个适应的过程。但一掷千金的流风所及，是否一定是好事情呢？我看也未必。想及而今风景区内的种种"会所"，亭台楼阁，陈设奢华，喜好之人谓之"吃环境"、"吃文化"，到底吃的是何种文化，真也值得玩味。

恐奢恐骄

《与四弟书》 清·曾国藩

吾不欲多寄银物至家，总恐老辈失之奢，后辈失之骄，未有钱多而子弟不骄者也。吾兄弟欲为先人留遗泽，为后人惜余福，除却勤俭二字，别无做法。弟与沅弟皆能勤而不能俭，余微俭而不甚俭；子侄看大眼，吃大口，后来恐难挽，弟须时时留心。

这是曾国藩同治二年元宵节前一天写给四弟的一封家信。其时曾国藩任两江总督，权焰正炽。但他却跟弟弟讲，自己不想多寄银物回家，怕钱多了后，老辈奢侈，后辈骄逸。俗话说“富不过三代”，看来曾国藩也是深以为然的，认为“未有钱多而子弟不骄者也”。第一代“勤俭子”发家致富，第二代“纨绔子”尽享荣华，第三代“败家子”坐吃山空。要跳出这一不易的循环律，他认为“除却勤俭二字，别无做法”。

曾国藩出身农家，无任何政治背景，道光十八年殿试也只中了三甲第四十二名，赐同进士出身，却在九年中连升十级，道光、咸丰间，先后做过礼、兵、工、刑、吏部左、右侍郎，后编练湘勇，攻打太平军，成为清朝的中兴重臣。

曾国藩官运如此亨通，自有其独到之功。他为人谨慎，思深虑密，学养深厚。这从初次上朝觐见时，君臣的一段对话便可明了。道光问这位衣着朴素的湖南臣子：“你给朕说说，做官的第一要义是什么？”曾答：“回皇上话，无非是个‘廉’字。”

他不光嘴上这么说，而且把儒家的这些道理真正实践在了一生的为人处世之中。

据说曾国藩逝世前留下四条遗嘱：一曰慎独则心安，二曰主敬则身强，三曰求仁则人悦，四曰习劳则神钦。他说：“富贵之家终岁逸乐，不营一业，而食必珍馐，衣必锦绣，醉豢高眠，一呼百诺，此天下最不平之事，鬼神所不许也，其能久乎？”一个封建皇朝的大臣，对荣华富贵能有这样清醒的认识，殊属不易。

贪夫之骨

《南亭笔记》

清·李伯元

年用兵之际，声威赫然，而所至殊贪黩。一日有一叟跪献一玉盆。命启视，内藏枯骨一片。形凹而中空，众莫之识，诘之，叟叩首进言曰：『此至宝也，请置骨于天平之左，而右置黄金十镒，必骨重金轻。』试之果然。命加金，则金更加而骨愈重。愕然问故。叟以黄土一撮布其上，骨顿轻，而金顿重。因问究是何物。叟曰：『此贪夫之目眶骨也。故金愈多，其眼愈贪。不知餍足，不见土不休。凡人堆金积玉迨其死后，亦作如是观。』将军默然。

这是又一则年羹尧的故事，但旨意并非仅针对年一人。

年羹尧曾率清朝大军征西，军威显赫之下，所到之处搜刮民财，相当贪渎。一天，有一老翁跪献一只玉盆。年命打开过目，只见内藏枯骨一片，形凹而中空，大家都不识得是啥玩艺儿。问那老头，答说："这可是一件了不起的宝贝，请拿一架天平过来，把这骨头放在天平左边，而右边放置黄金二百两，肯定是骨重金轻。"试之果然。年羹尧命令再加金子，则金愈加而骨愈重。年看着也吃惊了，问是什么原因。老翁便撮了一点黄土放在骨头上面，骨头这边顿时变轻，而金那边立刻变重了。年问这到底是何物。老头答："这是贪夫的眼眶骨。所以金子愈多，他的眼愈贪，不知满足，不看见黄土死不休。大凡一个人贪婪，生前聚金积玉，等到死后，往往会变成这样。"年大将军听了沉下脸来，一声不吭。

这故事听起来像寓言，不可能真的会有这样的事。但讽刺贪心不足的笑话，在民间却并不鲜见。鲁迅先生就曾记述过民初家乡广为流传的一则"大头天话"：上世纪初门户初开时，乡人大都没见过外国人，对高鼻梁蓝眼睛好奇之余，绍兴民间就有"洋鬼子要挖心肝"的说法，且编排得有板有眼。"他们挖了去，熬成油，点了灯，向地下各处去照去。人心总是贪财的，所以照到埋着宝贝的地方，火头便弯下去了。他们当即掘开来，取了宝贝去，所以洋鬼子都这样的有钱。"妙哉斯言，即谴责了外国殖民者的凶残，又讽刺了世人的贪婪，现在读来，忍俊不禁一笑之余，让人回味无穷。

戒之在得

《庸闲斋笔记》

清·陈其元

先大父尝言，少时读《论语》，每不服孔子『及其老也，戒之在得』二语，谓：『人老则一切皆淡，何须戒得？』比官徐州时，年逾六十矣，有狱事以万金馈者，已峻拒之去。向者每睡，就枕即酣卧，是夜忽辗转不寐，初亦不解，已乃自批其颊，骂曰：『陈某，何不长进若此！』遂熟睡如初。且语人曰：『我乃今始服圣人之言也。』

海宁陈氏在清代出了不少大官，笔记作者陈其元在嘉庆年间就做过知府，他的祖父毅堂公则当过泗州、徐州等地的行政长官。陈其元在这里记录了其祖父的一件轶事，值得今天为官者一读。

他的祖父曾说，年轻时读《论语》，对孔子“及其老也，戒之在得”这句话，总是不信服，认为：“人老了，自然一切都看淡了，何须戒得?”待到调任徐州地方官时，自己已年逾六十了。有一次为了一件案子，当事人送来了上万元钱想通关节，虽然被自己严辞拒绝了，但过去每晚上床，头碰到枕头就进入梦乡了，这天却翻来覆去睡不着。起初也不理解，后来悟到了，不禁连连打自己的巴掌，骂道：“陈某人，怎么这样弄不灵清！”然后就熟睡如初。天亮后祖父对人说：“我到今天才信服孔圣人的话真的一点不错。”

耕斋点评

我们今天各单位都搞领导干部的“述职述廉”，但恕我寡闻，真还没有听到过像陈家祖父这样剖心的自白。行贿者已被严拒，自己竟还会睡不安宁，为啥？还不是心中仍有“不平衡”！案子是我审的，项目是我定的，工程款是我批的……这可都是“挑人发财”的事啊，为啥人家能因我之故而获取巨款，我就不能从中分一匙羹？“拿”，还是“不拿”——这是一个问题，古往今来，搅得多少官吏夜不能眠。想通了，你就能如毅堂公那样倒枕即寐；想不通，把持不往，一旦伸手，你就将从此心惊肉跳不得安眠。而这一切，总是与权力相伴，其实与年龄无关。

外俭内奢

《西京杂记》　汉·刘歆

公孙弘起家徒步至为丞相，性诈善欺，每示俭约以钓名誉。有故人高贺诣之，弘食以脱粟饭，覆以布被，贺怨曰：『何用故人富为脱粟饭布被？吾自有之。』弘大惭。贺告人曰：『丞相内服貂蝉，外服麻枲，内厨五鼎，外膳一肴。岂可以示天下！』于是朝廷始疑其矫，弘为叹之：『宁逢恶宾，勿逢故人！』

汉代的公孙弘是没有“学历”的，却从一个布衣百姓混到了丞相，在为人处世上，应当说是有独到之功的。

功夫之一，就是善于作秀。他常对人说：“人主的毛病，一般在于气量不够宏大，而人臣的毛病，一般在于生活不够节俭。”因此公孙弘总是布衣素食，给人以廉洁的表象。一次他的旧日朋友高贺来访，他竟也用糙米饭、粗布被招待来客。高贺抱怨说：“你如此富有，怎么还请我吃粗食盖布被，这些东西我自家都有。”高贺回去后且对别人说：“丞相里面穿貂皮蝉衫，外面套烟灰（炱）一样的麻衣；家里吃饭用五鼎，当着客人面却只吃一只菜。这样里外不一，怎么能作天下的表率呢！”此话传到了宫里，于是朝廷开始怀疑公孙弘为人的做作和虚伪。

但不必为公孙弘担心，他还有第二套功夫，那就是放低身段，俗称“赖倒做”。公孙弘的矫饰善变，同僚们也都感觉到了。有一位叫汲黯的大臣看不惯他的作派，给皇帝打小报告，奏了一本。汉武帝问公孙弘：“人家反映的是否属实?”公孙弘回答道：“汲黯所奏一点不假。虽说穿衣吃饭只是生活小事，过去管仲生活奢侈，仍辅佐齐桓公当了霸主；晏婴一饭一菜，妻妾不穿丝罗，照样把齐国治理得很好。但我位列三公却只盖布被，确实有损汉官威仪，也不排除有沽名钓誉的想法。如果不是汲黯忠心耿耿，皇上哪里听得到对我这样的批评声呢。”皇上闻言，认为公孙弘谦恭礼让，对他反而更为信任。

最是公孙弘的末脚两句感叹说得好：“宁逢恶宾，勿逢故人！”为啥？因为赤卵朋友最晓得你的底细。难怪历来帝王要杀功臣！难怪一位名人说，他最恨同龄人！

禁止馈送

《郎潜纪闻二笔》　清·陈康祺

『一丝一粒，我之名节，一厘一毫，民之脂膏。宽一分，民受赐不止一分；取一文，我为人不值一文。谁云交际之常，廉耻实伤；倘非不义之财，此物何来。』此仪封张清恪公任督抚时，禁止馈送檄也。质确如古谣词，一命已上，当奉为金绳铁矩。

耕斋点评

这是有关清代名臣张伯行的一段轶闻。张是河南仪封人，卒谥“清恪”，所以人称“仪封张清恪公”。

张伯行是一个好学之人，康熙二十四年中进士，皇上接见他们这批新干部时说：“回家当依旧读书，不可废学业。”张果真在南郊闭门苦读了七年。他为后世留下了《困学录》等一批有价值的著作，与他年轻时的刻苦攻读是分不开的。

张是修习程朱理学的，且笃信躬行，被康熙誉为“天下第一清官”。据说张为官二十余年，从来不带眷属，“日用菜蔬米麦，尺布寸丝以至磨牛碾石，皆自家中运载之官”。他在江苏当巡抚时，无锡的地方官送来了几桶惠山泉水，他起先以为是天然之物便收下了，后来得知是用民船运送来的，就把它退了回去。在福建时，张看到官府内的帷幕是用锦绣的，便下令全部撤去，在他的影响下，衙门的奢侈之风为之一变。

当年他初到江苏当督抚时，下属依惯例纷纷前来送礼。张为此专门写了一封公开信，禁止这种馈送行为。他说：“一丝一粒粮棉、一厘一毫钱财，都是民脂民膏，拿不拿，关系到我的名誉操守。我们当官的对民众宽待一分，民众得到的实惠就不止一分；如果巧取豪夺一文，我这个为官的人格就不值一文。谁说这是日常的交际应酬，这会败坏一个人的廉耻道德；如果这些钱物非不义之财，那它们是从哪里来的呢？”这封信义正辞严，文字质朴如老百姓的大实话。《纪闻》的作者陈康祺读后不禁感叹：官是有大有小的，周代把官价从“一命”到“九命”分为九等。既然当了官，即使是最小的芝麻绿豆“一命”官，就应当将这一规矩奉为金科玉律。

王西庄之贪

《啸亭续录》　清·昭槤

王西庄未第时，尝馆富室家，每入宅时必双手作搂物状。人问之，曰：『欲将其财旺气搂入己怀也。』及仕宦后，秦诿楚谇，多所乾没，人问之曰：『先生学问富有，而乃贪吝不已，不畏言后世之名节乎！』公曰：『贪鄙不过一时之嘲，学问乃千古之业。余自信文名可以传世，至百年后，口碑已没而著作常存，吾之道德文章犹自在也。』故所著书多慷慨激昂语，盖自掩贪陋也。

文人并非都是清高的，贪财者自古就有。你看清朝这位乾隆进士，官至内阁学士兼礼部侍郎的王西庄，在没有当官之前，就已露出了一副贪婪相。当年王西庄曾应聘为一富豪当家庭教师，每次跨入主人宅门时必双手作搂物状。旁人问他为何这样？他说："想把他家的财气旺气都搂入自己的怀中。"后来当官了，有人托他办事，王就堂而皇之地索贿受贿。有人责问他："先生学问这样好，怎么还如此贪吝，难道就不怕身后落个坏名声吗！"王西庄说："贪鄙与否不过一时的议论，学问却是千古之大业。我自信文名可以传世，等到百年后，口碑已没而著作常存，我的道德文章不是仍能流芳千古吗。"因此，王所著之书多慷慨激昂语，实在是为了掩盖自己贪婪的本性罢了。

耕斋点评

谁说文如其人？文品和人品，在王西庄看来是可以截然分开的。他不加掩饰地说出了自己的一套理论，直率和勇气只能用厚颜无耻来解释了。翻检野史，发觉王西庄还真是一个胆大的人。据说有一次王西庄和一位姓钱的朋友从旷野经过，发现道旁有一口空棺材，两人争强斗胜，打赌说晚上谁敢在此睡觉。是晚，钱来到棺木旁，正想爬上去，却被里面伸出的一只手抓住了。却原来王西庄早已睡在了里面。文人有这样的胆量，还真少见。

王西庄以为只要文章好，做人就可以不顾忌。但一个人的品性，总会于不经意中，在所写的文章中流露出来。王的人品有人质疑，他的文章同样受到了后人的抨击。当代著名学者陈垣就认为："王西庄好骂人，昔贤每遭其轻薄，如讲刘向为西汉俗儒，谓李延寿学识浅陋，才短位卑……其于时贤如顾亭林、戴东原，亦力斥之，又谓朱竹垞学识不高。"

诚如陈垣先生所言，寻读王氏所传世的《十七史商榷》，骂人之语，的确比比皆是。骂前辈作者这位"庸相"、那位"陋儒"；骂传世史籍这段文章"妄谬如此"，那篇考据"无谓而可笑"，嘲讽作者"人生世上，何苦吃饱闲饭，作闲嗑牙"。

王西庄的如此作为，不禁使人想起了今日文坛那几位逮谁骂谁的主儿，看来古往今来的无良歪才，都是一路货色。

岂无随从

《古今谭概》

明·冯梦龙

沈周作《五马行春图》赠一太守。守怒曰：『我岂无一人相随耶？』沈知之，另写随从者送入，因戏之曰：『奈绢短，止画前驱三对。』守喜曰：『今亦足矣！』

沈周是明朝四大画家之一，据说还是唐伯虎的老师，文征明对其也执弟子礼，认为："吾先生非人间人也，神仙人也。"对他佩服得五体投地。

据说沈周还未知名时，曾随一班诗人到某官宦家做客。主人拿出一幅《秃妪牧牛图》，请大家配诗。众人绞尽脑汁，但所作之诗终是平平。沈周挥笔也题一首："贵妃血溅马嵬坡，出塞昭君怨恨多。争似阿婆牛背稳，笛中吹出太平歌。"诸君无不佩服，沈周的名声由此大振。

大凡名画家，是不肯轻易送画予人的。但沈周不然，只要有人索画，他是无不应承。一次，有位穷画匠为了卖画赚钱赡养老母，竟临摹了几幅沈周的画，请他签名盖章。沈周得知内情后，不但没介意，还欣然为之润色补笔。

有位当官的那真叫不知趣，沈周送了一幅《五马行春图》给他，这位却懊恼了："我堂堂太守出去踏春，岂能没有一个随从?"沈知道后，另画了一幅有随从的送入，并跟这位官老爷开玩笑："绢纸太短了，只画得下马前的三对。"太守笑了："这才差不多!"

过去地方官出行，一般都有开锣喝道的，并非道路拥堵，为的是增添当官的威势。沈周或许以为画的是太守游春踏青，就不必如此排场了。谁知道即使在画上，为官者也是不肯放下架子的。因为这就是自己的待遇和身份，而社会上，不少人吃的也就是这一套。

好在沈周活在明代，如果放到现在，恐怕不止添几个随从，连电视台的摄像都非画上不可了。

家有贤妻

《智囊全集》 明·冯梦龙

楚王聘陈子仲为相。仲谓妻曰：『今日为相，明日结驷连骑，食方于前矣！』妻曰：『结驷连骑，所安不过容膝；食方于前，所甘不过一肉。今以容膝之安、一肉之味，而怀楚国之忧。乱世多害，恐先生之不保命也！』于是夫妻遁去，为人灌园。

战国时，楚王想聘从齐国迁来的名士陈子仲做相国。陈子仲回家后，对妻子说："今天楚王聘我当相国了，从明天开始，我出门就有四匹骏马牵拉的车可坐，进餐时美味佳肴摆满面前尽我享用了。"

他的妻子说："即使是四匹骏马牵拉的车，你坐在上面，所需也只不过是膝盖放平这样一点位置；山珍海味摆满几个平方，你吃得下的也不过是一块肉而已。今天只是为了车上有一个座位、就餐时有一块肉可吃，就去承担楚国兴亡的忧患，且目前乱世纷纷，危机四伏，这样做，我担心你会连命都保不住的。"

陈子仲见妻子说得有理，于是夫妻双双悄然隐逸，为人浇灌菜园去了。

耕斋点评

表面看，陈妻是在开导丈夫"苟全性命于乱世，不求闻达于诸侯"；而实质却是在启示先生，做事做人都要"顺天行道"。无道之世而居高位，必然说许多违心的话，做许多违心的事。但即使如此，仍难上下讨好，左右逢源，真所谓身败名裂易，全身而退难喃！

明朝的冯梦龙是在《智囊全集》"闺智部贤哲卷"中记录这则故事的，冯对陈妻评价很高，认为她"能广其夫志，使炎心顿冷，优游无患"，这种远识是世间一般男子都比不上的。

有道是"华屋千间，只卧一床；稻菽万担，仅食一碗"，从人身所必需的角度而言，陈子仲妻说的确是实话。退而言之，即便从人心所悦来看，此中道理也值得我们深思。曾有人问香港首富李嘉诚，人生一路走来，何时他感到最愉悦。李答是在创业之初，小店打烊以后，夫妻两人在灯下盘点一天收入，钱虽不多，但个个铜钿亲手赚来，掂在手中，特别满足。也曾看到电视上记者在采访《南行记》的作者艾芜。时年八十的艾老说，年轻时徒步滇缅，身无分文，不觉得苦；老了功成名就，再次南行，重走旧途，一路有人款待，却兴味索然。为什么？因为当时年少，虽苦犹甜；而今青春不再，虽有功名，想来也觉怅然。

一种道理，两番解读，汲汲于功名者，当有所觉。

祖阮优劣

《世说新语》 南朝宋·刘义庆

祖士少好财，阮遥集好屐，并恒自经营。同是一累，而未判其得失。人有诣祖，见料视财物，客至，屏当未尽，余两小簏，着背后，倾身障之，意未能平。或有诣阮，见自吹火蜡屐，因叹曰：『未知一生当着几量屐！』神色闲畅。于是胜负始分。

喜欢评判人物，这是国人的一大嗜好，自古已然，千年不废。你看这里又对晋代的祖士少和阮遥集两人作了一番比较。

如看“硬件”，两人的确难分伯仲：官阶相当，各为豫州、广州刺史；都出名门，一个是“闻鸡起舞”“中流击楫”的名将祖逖之弟，一个是竹林七贤阮咸的儿子、阮籍的从孙；就连嗜好也有点相似，祖好财物，阮好木底鞋子。虽然这种对物质的搜求都是人生之累，但两人的嗜好已很久远了，别人也难说谁对谁错。有人去看祖兄，见他正在打理得到的财物，客人来了，还未能收拾好。祖连忙将剩下的两只小竹箱藏到身后，但嘴里在应付客人，心中还在惦记着背后的财物。而有人去看阮兄，见他正在吹着火往屐上涂蜡，口中感叹着：“不晓得一生能穿几双鞋呀！”一副想得很开的神色。

同样喜好收藏，但前者痴迷，后者通达，祖、阮两人境界的高下，一下子就分出来了。

拒饮

《世说新语》 南朝宋·刘义庆

石崇每要客燕集，常令美人行酒，客饮酒不尽者，使黄门交斩美人。王丞相与大将军尝共诣崇，丞相素不能饮，辄自勉强，至于沉醉。每至大将军，固不饮，以观其变。已斩三人，颜色如故，尚不肯饮。丞相让之，大将军曰：『自杀伊家人，何预卿事！』

西晋时的荆州刺史石崇靠劫掠客商，成为巨富，生活十分奢侈。他邀客宴饮时，常叫美女劝酒，客人如拒饮，便令门将把美女拖下斩首。有一次丞相王导和大将军王敦到石家作客，吃饭时，石崇又是这样一记生活。王导从来不喝酒的，这次被吓得只能奉陪，一会儿就被灌醉了。但轮到王敦，美女连斩三个，这位大将军若无其事，就是滴酒不喝，王导劝之，且说："他杀他家人，与你何干！"铁石心肠，真比石崇还硬。

耕斋点评

如今文明社会，像石崇当年那种事是没有了，但外出公干，主宴客聚，不少人最怕的也还是喝酒。有些地方东家自劝，你不喝就是看他不起；有些地方甚至叫几个俊男靓女站在你身边，端着杯子唱祝酒歌，你不喝他不歇，拒饮还真难。

饥时易为食

《昨非庵日纂》　明·郑瑄

国朝尚书刘南垣公，请老家居。有直指使者，以饮食苟求属吏，郡县患之。公曰：『此吾门生，当开谕之。』俟其来，款之，曰：『老夫欲设席，恐妨公务，特留此一饭。但老妻他往，无人治具，家常便饭能对食乎？』直指以师命，不敢辞。自朝过午，饭尚未出，直指饥甚。比食至，唯粟饭，豆腐一器而已。各食三碗，直指觉过饱。少顷，佳肴美酝，罗列盈前，不能下箸。公强之，对曰：『已饱甚，不能也。』公笑曰：『可见饮食原无精粗，饥时易为食，饱时难为味，时使然耳。』直指然其训，后不敢以盘餐责人。

由皇帝直接派往地方的监察御史，称绣衣直指，亦称直指使者。

刘南垣，明朝嘉靖年间做过工部尚书，告老后回到老家南京乡下居住。据民间传说，有一天，当地县官上门来向这位退休首长借菜单，刘问做啥？县官说朝廷派来的监察御史明天要来检查工作。听说这位直指使者是个美食家，吃食十分挑剔，很多郡县因招待不周，都挨批了。我们思量，领导您的用膳一定精致，所以想借用一下您的菜单作参考。刘南垣听后笑了："这位御史是我的学生，我来接待他吧。"等到那御史来了，刘南垣果然把他请到了家中，说："老夫本想在酒店设宴款待你，恐怕耽误你的公务，所以只请你到家中来叙谈。但碰巧老妻出门了，没人张罗，不知家常便饭你能赏光吗？"老师这么说了，那御史自然不敢推辞。从早晨一直坐到中午，饭还没有端上来，御史肚子都饿得咕咕叫了。好不容易开饭了，一看，只是高粱米饭和一盆豆腐而已。主客各吃了三碗，御史觉得很饱了。过了一会儿，佳肴美酒陆续上来，放满了一桌，但那御史是一筷也吃不下了。刘一定要他再吃一点，他说："已经很饱了，一点也吃不下了。"刘南垣这才笑着说："可见饮食原无精粗，饥时易为食，饱时难为味，就看是啥时光吃了。"那御史接受了这次教训，此后再不敢为了餐饮而谴责下属了。

而时代发展到了今天，大鱼大肉的应酬已经成了"富贵病"的渊薮，"请人吃饭，不如请人流汗"，吃喝成了累赘，运动渐成时尚，不能不说亦是社会的进步。

金银馔器

《冷斋夜话》 宋·惠洪

王荆公居钟山，特与金华俞秀老过故人家饮，饮罢少坐水亭，顾水际沙间有馔器数件，皆黄白物，意吏卒窃之，故使人问司之者。乃小儿适聚于此食枣栗，食尽弃之而去。文公谓秀老曰：『士欲任大事，阅富贵，如群儿作息乃可耳。』

北宋著名的政治家、文学家王安石，庆历二年登进士第，宋神宗熙宁三年拜相，推行新法。因遭反对派的攻击，熙宁七年王被罢相，次年复拜相，一年后再辞相位，退居江宁（即今南京），潜心于学术研究和诗歌创作。宋哲宗上台后，司马光执政尽废新法，王安石忧郁病死。王曾被封为荆国公，去世后谥“文”，故史称王荆公或王文公。

王安石居江宁时，自称“晚年门下多佳客”，俞紫芝便是其最赏识之人。俞原籍浙江金华，字秀老，寓居扬州，笃信佛教，得其心法，终身不仕不娶。

却说在南京钟山谪居的王安石，一次约了俞秀老一起到一位朋友家喝酒，饮毕在临江的一座亭子内歇息。王放眼望去，只见岸边沙滩上有几件餐具，都是金银器皿，心想会不会是衙门里的仆役偷出来的呢？于是当即派人去问管事的官员。答复是刚才有一群孩子聚在沙滩上吃甜枣板栗，吃好后，把盛具扔在这里就走掉了。王安石不由对俞感慨：“读书人想担重任干大事，就应当像这些孩子那样，视富贵如敝屣才可嘀！”

小孩不知金银的价值，所以吃光枣栗就把盛具扔掉了。而大人是明白金银之珍贵的，王安石却认为有志向的读书人应向孩子们学习。王在这里，实际上提出了一个人类如何认识自身和外物的严肃话题。

金银原本的使用价值有限，不过当当装饰品，做做器皿而已，只有当它们成了一般等价物，也即成为货币以后，世人才对其趋之若鹜。所以列宁曾风趣地说，到了共产主义社会商品生产不存在了，“那时也许我们会用黄金修建公共厕所哩”！

而人之所以贵，从某种角度讲，也在于旁人乃至社会的认可。至尊若皇帝，如被扒了龙袍，也是平民一个。

宋人朱彧《萍洲可谈》中记有王安石的一件轶事，说王退居江宁住在山上时，经常拄着拐杖到一张姓老农家串门。王安石每次来时，都叫其“张公”，而老农则称王“相公”。一天，王安石忽然悟到，不禁大笑着说：“我当了这么多年宰相，只不过与你仅有一个字的不同罢了。”

王安石身居高位，却自奉至俭，宋史说他“衣垢不浣，面垢不洗”。北宋著名诗人黄庭坚虽不赞同变法，但对王的人品仍有极高的评价：“予尝熟观其风度，真视富贵如浮云，不溺于财利酒色，一世之伟人也。”

与虎谋皮

《太平广记钞》　明·冯梦龙

杨国忠之子暄，举明经，礼部侍郎达奚珣考之，不及格，将黜落，惧国忠而未敢定。时驾在华清宫，珣子抚为会昌尉，珣遽以书报抚，令候国忠，具言其状。抚既至国忠私第，五鼓初起，列火满门。国忠方乘马趋朝，抚因谒于烛下。国忠谓其子必在选中，向抚微笑，意色甚欢。抚乃白曰：『奉大人命，相君之子试不中，然不敢黜退。』国忠却立大呼曰：『我儿何虑不富贵，岂籍一名，为鼠辈所卖耶！』不顾，乘马而去。抚惶骇，遽奔告于珣曰：『国忠恃势倨贵，奈何校其曲直？』因致暄上第。

这篇短文情节跌宕，有人物，有场景，有悬念，简直可拍成一部电视剧。

你看依靠妹妹杨贵妃爬上去的大唐奸相杨国忠多少飞扬跋扈，其子杨暄参加“明经”科举考试不及格，主考官达奚珣因惧怕杨的淫威而不敢作主发榜。听说皇上住在华清宫，估计杨也在那边，达奚珣就赶紧写信要儿子会昌尉达奚抚就近向杨请示。达奚抚天不亮就赶到了杨国忠下榻的府第，正碰上杨要去上早朝，只见军鼓声中，手执火把的兵士分列两边，护卫着杨乘马而出。达奚抚在烛光下拜见杨，杨国忠估计自己的儿子这次必中，他是来报喜的，不禁展颜而笑。想不到达奚抚竟说：“父亲说杨暄没有考上，特叫我来请示怎么办?”杨国忠闻言大怒：“我的儿子难道还怕不能富贵，要靠你们这些小人来恩赐一个名份?”说完，不理达奚抚，策马而去。达奚抚吓坏了，赶紧回来对父亲说：“杨国忠仗势凌人，怎么能叫他来判定此事的是非呢?”达奚珣没有办法，只好在榜上加上了杨暄的名字。

在这里，我们除了识见奸臣的骄横外，还看到了士大夫的软弱：既想匡扶正义，又不敢得罪权贵。就像主考官达奚珣那样，明明理在自己手里，权也在自己手里，却不敢“依法行政”，把不及格的杨暄刷下，而要去向他的老子杨国忠汇报，说白了，无疑于“与虎谋皮”。

仔细想想，这算什么套路呢？想拍马屁吗，那你干脆把杨暄“破格录取”得了；想公平公正吗，那就“分数面前人人平等”，不及格就不放榜。世上那有这样的好事，美名自己担，恶人要人家爹老子做，难怪杨国忠不能接受这样的买卖；后辈如我，也要笑话达奚氏父子的糊涂！

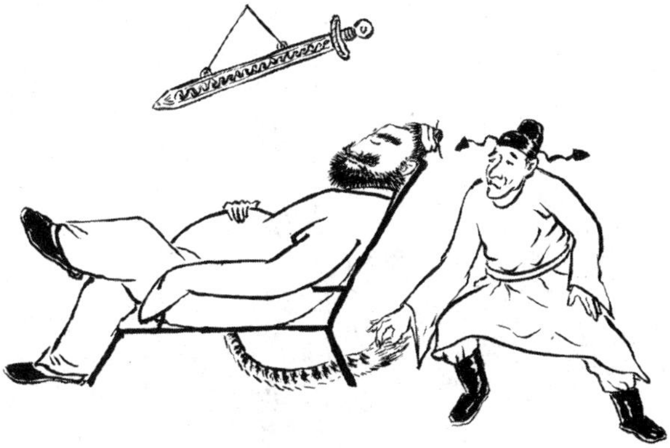

何必使相

《邵氏闻见录》 宋·邵伯温

太祖遣曹彬伐江南，临行谕曰：『功成以使相为赏。』彬平江南归，帝曰：『今方隅未服者尚多，汝为使相，品位极矣，岂肯复战耶？姑徐之，更为吾取太原。』因密赐钱五十万，彬怏怏而退。至家，见钱布满室，乃叹曰：『好官亦不过多得钱耳，何必使相也！』

曹彬是北宋的开国名将。《宋史》对曹彬有很高评价："仁恕清慎，能保功名，守法度，唯彬为宋良将第一。"

赵匡胤是行伍出身，驾驭部下自有高招。他派曹彬去讨伐江南，临行前说："功成以后，我赏你做'使相'。""使相"是晚唐沿袭下来的官衔。其时，朝廷为了笼络跋扈的节度使，授予他们"同平章事"的头衔，与宰相并称，号为"使相"。曹彬平定江南回京，宋太祖说："如今边陲尚未臣服的地方还有不少，你如果做了'使相'，官位就到顶了，哪里还肯出去打仗？还是慢慢来，再给我去攻取太原吧。"为此，赵悄悄下旨赐给曹五十万大洋。曹彬不知情，闷闷不乐地退朝，到了家，见满屋子都堆着赏钱，不由叹道："升官还不为了多得几个钱，既然如此，何必一定要做'使相'呢！"

读史至此，不禁莞尔，这对君臣，说的倒都是大实话。一个将官帽作为钓饵，诱迫部下为之效力；一个把金钱视为标的，做人原本就图个实惠。这就牵出一个"为啥当官，当啥样官"的严肃话题。

古谚说："三年清知县，十万雪花银"；现如今，原福建政和县县委书记、贪官丁仰宁讲得更直露，叫做"当官不发财，请我都不来"。

而古时也不乏"当官不为民做主，不如回家卖红薯"的清官；早些年，原国务院朱总理更是多次引述如下的三十六字"官箴"："吏不畏吾严而畏吾廉，民不服吾能而服吾公。公则民不敢慢，廉则吏不敢欺。公生明，廉生威。"官场后来者，当以此为勉。

刺客莫近

《世说新语》　南朝宋·刘义庆

魏武常言：『人欲危己，己辄心动。』因语所亲小人曰：『汝怀刀密来我侧，我必说心动，执汝使行刑，汝但勿言其使，无他，当厚相报！』执者信焉，不以为惧。遂斩之。此人至死不知也。左右以为实，谋逆者挫气矣。

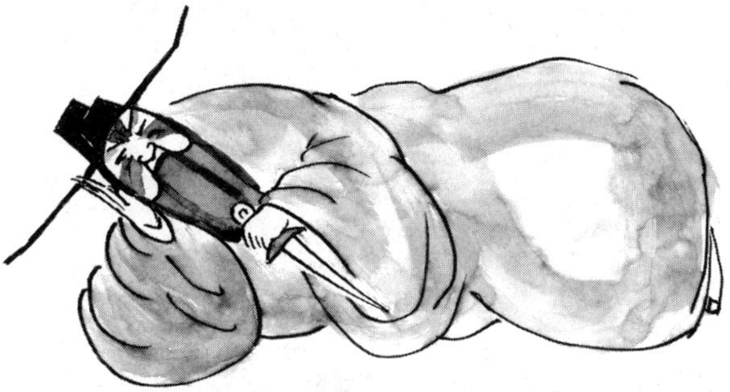

曹操鬼点子多，是出了名的。为防行刺，竟然骗说有特异功能，刺客一靠近，自己就会察觉。为使人相信，他还动员了一个亲信来验证。他事先悄悄地对那人说：“你藏着刀偷偷到我身边来，我会说自己心动有察觉，把你抓起来，你千万别说是我叫你这样做的，我会好好报答你的！”那人信以为真，结果曹操杀了这个随从，这个人到死都不知道自己为何被杀。而曹操身边的人都信以为实，以为主公真有这样的“先知先觉”，那些图谋反叛的人也都泄了气，从此不敢轻举妄动。

曹阿瞒之卑鄙，自不待言。可叹的还是那个亲信，以为只是陪领导玩一个游戏，结果“脑袋掉了，还真不知道是怎么掉的”。史书记载曹操诡谲之事远不止此。据说这奸雄还告诫部下：“我睡后，你们千万不可靠近，否则我睡梦中也会挥刀砍的。”一次曹操躺着假寐，一亲信拍马屁，拿了被子想给主子盖上，果真被曹操一刀砍杀。

陪君弈棋

《鱼千里斋随笔》 李渔叔

弈棋似为（曾文正）公所深嗜，日记中屡见之。然技殊不高，衡以今日棋艺，当不过五六级耳。旧传公在祁门时，皖垣有弈手名噪甚，幕客建议令人赍金币聘至。公与之对弈，受六子，局未半，裂公棋为数片，每片皆仅得活，局遂不终，所谓中押败也。公恚甚，拂袖起不复出，明日，馈五十金，命送客归。

曾文正公国藩，作为清朝的中兴大臣，戎马倥偬，日理万机，上上下下都要摆平，其涵养和胸襟，是深得史家称许的。曾本人也对“修身养性”的儒学极为推崇，其家书和日记中，谈得最多的，也是这方面的内容。

但人之性情，总不能一味压抑，即使像曾国藩这样的“克己”者，公务时矜持，休闲放松了，也会“露出马脚”。

曾喜欢走围棋，特别是到了晚年，每天午饭后，都要下两局，自称是“养心棋”。据说有好事者专门问过曾的幕僚：“首长天天下棋，技术一定很有长进吧?”那下属倒也实话实说：“中堂年高望重，那个敢真的与他较量。他只赢不输，还不自知，棋子是越下越臭了。”

陪领导玩儿，包括打网球、下象棋……从来就不是一个轻松活。你赢了，他恨你欺君妄上；你输了，他说你应付了事；只有费尽心机，让他“险胜”，才算搔到了痒处。传说曾国藩驻军祁门时，幕僚们得知安徽当地有一个棋手名气很大，便建议曾花钱聘来。曾国藩和他对弈时，那人客气地礼让六子。棋局还没过半，对方已将曾的棋子分割成数片，虽然每片都乘两口气刚刚能活，但棋子是走不下去了。曾国藩中盘告输，气极了，拂袖而去，第二天，给了五十元钱，把那人打发走了。

我颇怀疑这是幕僚们耍的花招，自己不敢得罪上司，却让一个外聘者来戏弄曾国藩。看到平时道貌岸然的中堂大人，也有沉不住气的时候，这班僚属一定在那里私下窃笑。

弹雀

《涑水纪闻》 宋·司马光

太祖尝弹雀于后园，有群臣称有急事请见，太祖亟见之，其所奏，乃常事耳。上怒诘其故，对曰：『臣以尚急于弹雀。』上愈怒，举柱斧柄撞其口，堕两齿，其人徐俯拾齿置怀中。上骂曰：『汝怀齿欲讼我耶？』对曰：『臣不能讼陛下，自当有史官书之。』上悦，赐金帛慰劳之。

宋太祖赵匡胤是行伍出身，据说有次行军堕马，他愤而一刀宰了坐骑，可知其性情之暴烈。他当了皇帝以后，一次在后花园弹雀消遣，有大臣称有急事禀报，听后却都是一些平常事体。赵懊恼了，这位朝臣还强调理由，说："我以为总比弹雀要紧吧。"赵恼羞成怒，抓起身边一把柱斧撞向其口，斧柄把他的牙齿都撞落了两颗。这个朝臣俯身捡起了断牙，赵匡胤骂道："你把牙齿收拾起来，难道还想去告我吗?"大臣说："臣子不能告皇帝，但史官会将其记在史籍上的。"赵听了转怒为喜，赏赐金帛对这位敢于直谏的臣子表示慰问。

耕斋点评

赵匡胤虽是一介武夫，通过陈桥兵变才得以黄袍加身，但他对知识分子还是尊重的，对自己身后的形象亦相当在乎。史载宋太祖一日罢朝，郁郁不欢，侍者问之，赵匡胤说："早来前殿指挥一事，偶有误失，史官必书之，故不乐也。"可作又一印证。

历朝开国皇帝，看来皆有长人之处，成功决非偶然。

半日闲

明·冯梦龙

有贵人游僧舍，酒酣，诵唐人诗云：『因过竹院逢僧话，又得浮生半日闲。』僧闻而笑之。贵人问僧何笑，僧曰：『尊官得半日闲，老僧却忙了三日。』

传世名著《三言》的作者冯梦龙，虽饱读诗书，仕途却相当不顺。他明万历二年出生，但直到崇祯三年五十七岁时才补为贡生，到福建寿宁当了四年知县，即告老回家了。由于长期在底层生活，所以冯梦龙对民生之艰辛，有切身的体会。你看他写一个贵人到寺庙游览，酒足饭饱之后，还要吟咏唐诗假作斯文。却碰到老和尚不客气："你是偷得浮生半日闲了，我们却为接待你，足足忙碌了三天啦！"

人总觉得自己所感，别人也会身受。故贵人出游，看到地洁路畅，总是心情愉悦，免不了会对僚属的工作来一番褒奖。殊不知，为了此行，一路早已清场。可能不远处，就是车堵人拥、狼藉一片，只是蒙得贵人"眼不见为净"罢了。

何用择时

《国史补》　唐·李肇

玄宗在东都，宫中有怪。明日召宰相，欲西幸。裴耀卿、张九龄谏曰：『百姓场圃未毕，请候冬间。』时李林甫初拜相，窃知上意。及罢退，佯为蹇步，独留奏事。乃言：『二京，陛下东西宫也。将欲驾幸，何用择时？设有妨于刈获，独免过路赋税。臣请宣示有司，即日西幸。』上大悦。自此驾幸长安。旬日，耀卿、九龄俱罢。

唐玄宗早年颇有作为，后来却沉迷酒色，不理朝政，成了一代昏君。引发其颓变的原因很多，宠用奸相李林甫，据说是一个重要的因素。

李林甫这个人不通经书，但“明练吏事”，溜须拍马却很有一套。

一次唐玄宗住在东都洛阳，疑神疑鬼以为宫中有怪，想搬往西京长安去住。宰相裴耀卿、张九龄上谏说：“老百姓收割打场还没结束，请等到冬天再搬迁吧。”其时李林甫刚刚升任宰相，觉察到皇上的心思，下朝后，故意装作脚扭伤，单独留在后面对玄宗说：“二京虽然相隔有一段路，但对陛下说来就好比隔壁的东宫西宫。您想搬住到哪里，根本用不着选择时间？如果会妨害收割，只要免除沿途百姓的赋税就可以了。这件事情交给臣子我来落实，马上可以搬迁。”皇上听了十分高兴，搬到长安不久，就免掉了裴耀卿、张九龄两人的职务。

不光会邀宠，李林甫整人也很有心机，与其同时为相的李适之，就栽在了他的圈套中。一次李林甫对李适之说：“华山下面有金矿哩，开采后国力可大大强盛，但皇上却不晓得此事。”李适之信以为真，兴冲冲地向玄宗去汇报了。第二天，玄宗问李林甫有没有此事。李回答道：“我早就知道这事了，但华山是王气所在之处，不能随便开采，所以我不敢上奏。”玄宗听后，从此不要看李适之了，并对朝臣宣布：“以后你们有事，应先向李林甫汇报，不要草率上奏。”李林甫就此掐断了同僚的言路，自己成了一人之下、万人之上的重臣，也把唐玄宗推上了孤家寡人的绝路。

察言观色，以投主子之所好，这是小人邀宠的惯技。曾在重庆渣滓洞集中营的墙上看到过狱警所刷的标语：“长官看不到、想不到、听不到、做不到的，我们要替长官看到、想到、听到、做到。”想不到法西斯匪徒应知应会的，千余年前的封建奴才李林甫早就做到了。

年羹尧轶事

《清代名人轶事》 清·葛虚存

年大将军羹尧军法极严，一言甫出，部下必奉令唯谨。尝舆从出府，值大雪，从官之扶舆而行者，雪片铺满手上，几欲堕指。将军怜之，下令曰：『去手！』盖欲免其僵冻也。从官未会其意，竟各出佩刀，自断其手，血涔涔遍雪地。将军虽悔出言之误，顾已无可补救。其军令之严峻，有如此者。然亦可见其平日性情之残酷矣。

年羹尧是清代名臣，曾任四川总督、川陕总督、抚远大将军，为平息西藏、青海叛乱立下赫赫战功，终因骄横跋扈、功高震主，而被雍正削职赐死。

年羹尧治军极严，一言既出，部下必须令行禁止，绝对不能有半点迟疑。一次他乘轿子外出，正逢天降大雪，随从扶轿的手上，不一会就积满了雪花，手指都快冻掉了。年羹尧心生怜意，下令说："去手！"叫随从不必扶着轿子了。随从没领会年的意思，竟然各自拔出佩刀，斩断了自己扶轿的手，鲜血涔涔洒遍了雪地。年羹尧虽然懊悔没把话说清楚，但也没办法补救了。冰冻三尺非一日之寒，从这偶发事件中，足见年平时为人的暴戾和凶残。

既是悍将，或以为年羹尧是个行伍大老粗，其实不然，他还着实是科班"进士"出身哩。年羹尧的父亲官拜都统，年也算是个"干部子弟"了。他生性顽劣，到"舞勺之年"，也就是十三岁，还"不识一丁字"。后来来了一位老人，要求年父筑一庭园，将自己与年关在里面，应允三年内一定将这小子教化好。据说入园后这老人顾自看书，任凭年羹尧"移山运石"彻天彻地去玩。后来年玩腻了，见老人读书读得津津有味，便问读书有何用处？老人说，好处甚多，上可为圣贤，次可立功名，三可取富贵。年羹尧沉吟良久，自思不敢为圣贤，不屑图富贵，最后选择了求功名。

所谓"一将功成万骨枯"，年羹尧后来的草菅人命和好大喜功，看来与这位启蒙老师的引导不当，不无干系。

当然"无毒不丈夫"，古往今来的独裁者，从来没有温情脉脉的。智利前总统皮诺切特将军刚刚去世不久，据称当年他就曾自负地说过："没有我的命令，在这个国家里连一片树叶都不敢动。"在其执政其间，不少无辜民众被处决和"失踪"。对这种人，善良者真是无话可说。

腹唯赤心

《开天传信记》　唐·郑綮

上幸爱禄山为子，尝与贵妃于便殿同乐，不拜上而拜妃。上顾问：『此胡不拜我而拜妃子，意何在也？』禄山奏曰：『胡家即知有母，不知有父也。』上笑而舍之。禄山丰肥大腹，上尝问曰：『此胡腹中何物，其大如是？』禄山寻声应曰：『腹中更无他物，唯赤心尔。』上以言诚而益亲善之。

这里的“上”，指的是唐玄宗；“禄山”，就是“安史之乱”中起兵反唐的安禄山。安禄山是胡人，据《旧唐书》记载，其“腹垂过膝，重三百三十斤”，是个大胖子。但尽管体重超标，安禄山却擅长跳舞。他与杨贵妃经常在唐玄宗面前跳一种叫“胡旋”的舞蹈，舞姿曼妙、“疾如风焉”，深得这位风流皇帝的宠爱。

唐朝是以胖为美的，肥妞杨贵妃喜欢上了这位胖汉，虽说安禄山要年长十多岁，照样被这位贵妃认作了干儿子。两人的关系据说十分暧昧。天宝十年正月初六，安禄山生日后的第三天，杨贵妃居然为这位干儿子洗澡祀福，俗称“洗三”。洗完澡后，还用锦绣的襁褓，把安禄山像婴儿那样裹住，装在彩轿上抬着，嬉戏作乐。

这样一个宝货，唐玄宗竟然爱屋及乌，因为钟情杨贵妃，也把安禄山当作了宠臣。当然，这位胖子肚皮大，嘴巴还是蛮甜的，皇帝问他肚子介大，里面有些什么？他会回答：“里面装的，都是对你老人家的赤胆忠心呢！”

大凡小人，厚颜无耻，拍马屁都是不用打草稿的。问题在于，旁人闻之肉麻凛凛的话，主子听了，却像吃了补药般的受用，官场乃至职场的悲哀，真是莫过于此！

曲意迎合

《清朝野史大观》 清末民初·小横香室主人

高江村士奇，华亭人，家甚贫窭，鬻字为活。纳兰太傅明珠爱其才，荐入内廷。康熙帝喜其才便捷，凡遇巡狩出猎，皆命江村同禁籞羽林诸将校并马扈从。江村性巧谲，遇事先意承志，皆惬上意。一日，上猎中马蹶，上不怿，江村闻之，乃故以潴泥污其衣履，趋入侍侧。上怪问之。江村曰：『臣适落马堕积潴中，衣未及浣也。』上大笑曰：『汝辈南人，故懦弱乃尔。适朕马屡蹶，竟未堕骑也。』意乃释然。

清代的高士奇，号江村，原本家境贫寒，流落京城，靠卖字为生。后来得到了当朝太傅明珠的赏识，把他推荐到了宫内工作。高这个家伙文思敏捷，深得康熙皇帝宠爱，凡是巡游或者出猎，都让高士奇与御林军将校一起骑马随从。高头脑活络，善于察言观色拍皇上的马屁。一日，皇上出猎时的坐骑老是尥蹄子，弄得皇上很不高兴。高听到后，就故意用污泥把衣服鞋子搞脏，然后跑到皇帝身边。康熙见了很奇怪。高士奇说："臣刚才落马跌到了污泥潭中，衣服来不及洗了。"皇上听后大笑说："你们这种南方人，怎么这样懦弱。刚才我骑的马也很不安份，我就没有从马上掉下来。"神情显得十分得意。

高士奇这种溜须拍马的行为，史料上记载的还有不少。最有趣的，就是康熙游灵隐的故事。据说康熙为寺庙题匾的时候，下笔不慎，把雨头写大了。高士奇急中生智，赶紧在手掌上写了"雲林"两字，给皇上救急。这块匾额如今还挂在灵隐寺的大门上。史载，高在内廷值班的时候，为了掌握皇帝的动态，千方百计勾结近侍获取信息。那些太监每报一事，他就奖给一颗金豆。高每次进宫，都要带一袋金豆，出来这些金豆都分完了。高亦从中尝到了甜头，例如，皇上平时看什么书，高知道后，也找来阅读。一旦皇上问起，他总能应答如流。

狐假虎威

《杨文公谈苑》　宋·杨亿

周广者，开宝中为内外马步军都头，亲近，好言外事。一日白太祖曰：『朝廷遣使吴越，钱俶南面坐，傍设使者位。俶虽贵极人臣，况尊无二上，而奉命者不能正其名，此大辱国。』太祖曰：『汝颇能折之否？』广曰：『臣请行。』俶生辰，即遣广为使，俶犹袭故态，广曰：『比肩事主，不敢就席。』俶遂移床西向，正宾主之礼。复命，广气甚骄，将希宠赏。太祖曰：『汝盖倚朝廷威势，不然者，俶何有于汝哉？』广大惭，其御下之英略如此。

周广是北宋开宝年间守卫皇宫内外的马步军头头，由于是御林军，得以亲近皇上。这位姓周的虽为军人，却喜欢轧皇宫外的事非。一天，他对宋太祖说："朝廷派使者到吴越去，吴越王钱俶像皇上一样南向而坐，让使者坐在旁边的位置。钱俶虽贵极人臣，但至尊的皇上只有您一个，而您派去的使者却不能纠正这种做法，真是有辱国家的尊严。"太祖赵匡胤说："你能打掉钱俶的威风吗？"周广说："我请求去一趟。"时逢钱俶生辰，太祖就派周广出使吴越。周到了那里，钱俶故态不改，周广说："我俩同是宋太祖的臣子，脚碰脚的，我不敢尊你为君坐这个臣子的席位。"钱俶闻言，马上把自己的座椅移到了朝西的位置，以宾主之礼来接待周广。完成任务回来交差时，周广心想这下皇上肯定会嘉奖自己，不由洋洋得意。而太祖却说："这是因为你倚仗了朝廷的威势，否则，钱俶有什么有求于你呢？"周广听了惭愧无言。宋太祖驾驭部下，就是有这样的本事。

耕斋点评

于此，我不想评价赵匡胤和钱俶的是非。一个靠"陈桥兵变"上台，虽师出无名，但毕竟开辟了大宋三百二十年的江山；一个"纳土归宋"，虽丧失了钱家"一剑霜寒十四州"的祖业，却保全了吴越千万生灵免遭战争涂炭。

在这里，我只对宋太祖训斥周广的那句话感兴趣：一个人，都是因为背靠了什么、倚仗了什么，才使得他人会对你敬、乃至畏。除却了这些靠山、这些光环，如同官员丢掉了乌纱，富商触煞了老本，皇帝葬送了江山，总统失去了选民……那就什么也不是了！

上世纪八十年代初，笔者曾在梅花碑的一省厅工作，记得一天，某厅长有事到办公室来，同事们难得跟厅长接触，聊天中难免一片恭维之声。但这位老厅长却连连摇头，他说："你们别领导长领导短的，在这里我是厅长，出了大门上了公交车，还有谁认识我？"

这位厅长是分管业务的，常年在基层奔波，没事就乘公交车上下班，故年近花甲仍精神矍铄、头脑清楚。

无位可坐

《邵氏闻见后录》　宋·邵博

自唐以来，大臣见君，则列坐殿上，然后议所进呈事，盖『坐而论道』之义。艺祖即位之一日，宰执范质等犹坐，艺祖曰：『吾目昏，可自持文书来看。』质等起进呈罢，欲复位，已密令中使去其坐矣，遂为故事。

史称一朝的开国帝王为艺祖，这里所说的艺祖，是指宋太祖赵匡胤。

自唐代以来，大臣见君，都是排坐在殿堂上的。君臣一起商议各方呈报上来需要解决的事，颇有“坐而论道”的古风。赵匡胤即位的那天，宰相范质等还是坐着的。赵说：“我眼睛昏花，你们可各自拿了文书就近给我看。”范质等纷纷站了起来进呈文书，完了回去想落座，发现宋太祖已暗中命令侍者撤去了他们的座位。自此，君臣共坐商议国事，就成了以往的事了。

其实，论资历，范质还曾是赵匡胤的上司呢。想当年，范质当后周的宰相时，赵匡胤还只是一个“殿前都点检”。这年大年初一，赵谎报军情，说是辽与北汉军联合入侵。范信以为真，派赵率军抗击，给赵发动兵变提供了机会。赵匡胤陈桥兵变返京后，范质斥责他，赵还呜咽流涕，装出一副无奈的样子。而赵事先安排的一名姓罗副将则拔刀威胁范说：“我辈无主，今日必得天子”。赵匡胤假装“叱之”，而罗不退。范质“知势不可遏”，看出赵对帝位志在必得，为免天下纷争，终于默认了这一政权更替的既成事实。

耕斋点评

话题回到前头。按理说，既然历来如此，范质等又这样老资格，一起坐着办公又有什么不妥？但赵匡胤就是不爽，非得想出这样一个“下作”的法子臀下抽凳，使得众人皆站自己独坐才罢休。

自古帝王，都是唯我独尊的，更何况放言“卧榻之旁岂容他人酣睡”的赵匡胤。善良的人们可能以为“独乐不如众乐”，上下级“排排坐”又有何妨？但人家可不那么认为。老子挖空心思当皇帝、做大官……为啥？为的还不是和你们这些芸芸众生拉开差距。这种差距在他的眼里，不光在物质上，而且在精神上……应该是全方位的。从这样的角度解析问题，你才能理解，为啥达官贵人上路，不光要坐轿，还要鸣锣喝道；如果龙辇移动，皇帝出行，那随行臣子的一步一趋，走快走慢，保持多少距离，都是深有讲究的呢。

马屁鬼儿

《古今谭概》　明·冯梦龙

唐肃宗时初诏贤良，一征君首应。上极喜，召对。无他词，但再三瞻望上颜，遽奏曰：『微臣有所见，陛下知不？』上曰：『不知。』对曰：『臣见圣颜瘦于在灵武时。』上曰：『宵旰所致耳。』举朝大笑。帝亦知其为妄人，恐塞贤路，乃除授一令。

唐肃宗李亨是唐玄宗的第三子，马嵬驿兵变后，他受命于危难之际，被封为天下兵马大元帅，负责平叛。此时玄宗已西逃，李亨被军民拥戴，北上灵武，继皇位，遥尊玄宗为太上皇。

唐肃宗可算是中国历史上的苦命皇帝之一。他四十五岁即位，时逢“安史之乱”，叛将争锋，国无宁日；待到外患初平，内乱又起，重病的他，终在宫廷政变中惊忧而死。

尽管这位皇帝在位只有短短六年，宠信宦官，用人也大有问题，但平心而论，即位之初，他还是想广纳天下人才而用之的。唐肃宗曾下诏征集贤良，凡山林草泽，有怀才抱德者，皆可应召获取官职。诏书下达不久，就有一个人来应征了。肃宗大喜，召他上殿对话。问及时局，这家伙说不出半点见解，只是再三瞻望肃宗的容颜，突然说：“微臣有所见，陛下知不知道?”肃宗说：“不知。”他说：“臣见皇上的脸孔比在灵武时瘦多了。”肃宗听了不禁好笑，故意说：“那是我起早落夜废寝忘食所致。”满朝文武听了都大笑。肃宗明知这是一个无知妄为的人，但唯恐堵塞举贤纳才之路，仍然给了他一个县令的官职。

据说这位仁兄上任以后，还闹过一个笑话。唐代每到寒食节，朝廷都会派人到各县去搜集杏仁，以贡奉皇上食用。官员到了此人的县治，却遭到了他的极力反对。来人以为他真的有什么意见要对皇上说，就把他带进了宫中。谁知他见到肃宗后即跪称：“陛下您寒食节要吃杏仁，臣会给你敲开剥好送来，千万不能吃这种带壳的呀！”肃宗听了真是哭笑不得。

但据史料记载，即使碰到这样的背时鬼，肃宗最后只是笑笑，也没生气：“上哈而遣之，竟不置其罪。”看来，人都是喜欢听好话的。难怪至今，在一些民主生活会上，还能听到诸如此类的“批评意见”：领导，近来您脱离群众，好久没来和我们一起打球了。不注意劳逸结合，是您最大的缺点！

说真的，这样的话，如果我是领导，也爱听，尽管明知这就是所谓“人性的弱点”。

歌者妇

《玉堂闲话》　五代·王仁裕

南中有大帅，世袭爵位。有歌妇色美，与其夫自北而至。帅闻而召之。每入，辄与其夫偕；更唱迭和，曲有余态。帅欲私之，妇拒不许。帅密遣人害其夫，而置妇于别室，多其珠翠，以悦其意。逾年，往诣之，妇亦欣然接待，情甚婉娈。及就榻，袖中忽出白刃，擒帅欲刺之。帅惊逸，妇逐之。适有二奴居前，阖其扉，由是获免。旋遣人执之，已自断其颈矣。

中国古籍中不乏烈女节妇的传记，传递的多是“从一而终”的封建贞节观，不足为训。但也不能一概而论，有的篇章却反映了受辱妇女对男权的抗争，即使在今天，也有现实的警世意义。这篇《歌者妇》，就是其中凄烈者之一。

一个世袭的军阀，像今天那些腐败分子一样，饱暖思淫欲，常招一些歌女来唱堂会。听说有一位北方来的歌女长得很漂亮，这位大帅就叫她到府上来唱歌。但她每次都是和丈夫一起来的，夫妻对唱，更显女子的妩媚。大帅几次调戏，都被她拒绝。大帅便悄悄派人杀了她的老公，并把歌女安置到另外一间房内，送去了很多珠宝翡翠，想讨好她。这样过了一年，大帅心想功夫花得差不多了，就上门去看她。歌女笑盈盈地接待大帅，看上去情意绵绵。待到上床时，歌女突然从袖中抽出一把尖刀，抓住大帅就想行刺。大帅惊逃，歌女追杀。刚好有两个奴仆在前面，急忙关上了房门，大帅才得以逃脱。马上派人进去抓她，那歌女已引颈自杀了。

掩卷叹息之余，不由得想到了前阵子影视圈“潜规则”之说，道是现如今女艺人要想上角色露脸，都得先以姿色开路。更有女子，牺牲了色相，交易不成，不惜自曝内幕，一时间媒体上炒得拂拂扬扬。呜呼“歌者妇”，逝者不可追。

笑面老虎

《避暑录话》 宋·叶梦得

文潞公知成都，偶大雪，意喜之。连夕会客达旦，帐下卒倦于应侍，有违言，忿起拆其井亭，共烧以御寒。守徇军将以闻。公曰：『今夜诚寒，更有一亭可拆，以付余卒。』复饮至常时而罢。翌日，徐问先拆者何人，皆杖脊配之。

文潞公即文彦博，北宋时与富弼、司马光齐名，曾封潞国公，官至宰相。这位文彦博人如其姓，颇有点文人习气，懂得及时行乐。庆历年间他还不到四十岁，便被委以重任，派到成都去当一把手了。

却说这年冬天成都竟也下起了大雪，文彦博高兴极了，连续几天宴请宾客，饮酒赏雪，通宵达旦。室外站岗的兵丁不得休息，又冷又倦，牢骚满腹，忿起拆掉了一个井亭，将木料拿来烧以御寒。警卫的军官将此事报告给文彦博。文说："今夜的确有点冷，还有一个亭子也拆掉给其他兵卒烤火吧。"说完照常饮酒直到天亮才散席。第二天，文口气和缓地问明先拆亭子的是哪几个人，全部罚打军棍然后发配处分。

文彦博诗文书法俱佳，名重一时。但文品并不等于人品，阴毒如果披上了文化的外衣，可能更令人猝不及防。

北宋名将狄青就栽在了文彦博的手里。狄青功高权重，在军队中享有很高的威信。士兵每次领得衣粮，都说："这是狄家爷爷所赐。"这种话传到朝廷，皇上听了便有点不爽。其时文彦博已做宰相，就建议把狄青调出京城去担任"两镇节使"。狄青上奏说自己没罪，为何要被外放出京。宋仁宗觉得狄青是个忠臣，这样处置的确欠妥，征求文彦博意见。文说："宋太祖原本难道不是周世宗的忠臣？但因为得军心，所以有陈桥之变，最终夺了天下。"宋太宗听了默默点头。而狄青蒙在鼓里，还想到宰相府申辩。文彦博盯着他直说："没其他的理由，就因为朝廷怀疑你！"狄青惊怖，不敢再言。狄青外放以后，朝廷每月两次派使者来"安抚慰问"。狄青每次听到京城来人了，都会惊疑终日，不到半年，就病发去世了。

总是说"伴君如伴虎"，想不到伴文彦博这样的文臣，也如此危险。看来问题出在个人身上，根子却在封建制度那里。权力如果得不到制约，个人的尊严乃至生命都只是风中之烛。

馆师之死

《谈屑》　清·冯晟

（年羹尧）一日至书馆中，时吴门顾孝廉为西席，适如厕，年坐待良久，顾返，命馆童进盥具，童偶不及应，年挥童使出，旋有献首级于阶下者，则童已就戮。顾大惊，料其不克令终，托故解馆去，出陕界，贻书数千言，责其跋扈失人臣礼。后年败，籍没，使者得其书，上于朝，谓顾有胆有识，下苏抚征之。而顾不知其由，窃恐以馆于年故株累，惧祸，反饮药死，惜哉！

年羹尧，康熙时历任四川总督、定西将军，平定西藏乱事，后参与雍正夺取帝位的斗争，加封为抚远大将军。年自恃功高，骄恣贪暴，终为雍正所忌，赐自杀。

据说年对部属苛刻，对孩子的家庭教师却十分尊重，指派家丁四人、书僮八个专职侍候，并要求他们“事师如事予”，要像对待自己一样对待老师。却说有一位吴门姓顾的孝廉在年羹尧这里当家教，一天年来到书馆，正碰到顾老师上厕所去了。年坐着等了好一会，顾才回来。年叫馆童给老师递盆洗手，那书童没听清反应慢了一点，年挥手叫他滚蛋。不一会手下的兵丁便把那孩子砍掉的头献到了阶下。顾见状大惊，料想年这样残暴，必定不得善终，不久便借故辞了教职。那顾老师离了年所在的陕西地界，修书一封，洋洋数千言，谴责年飞扬跋扈不像一个当官的样子。后来年失势落败了，家产都被抄没，主事者得到了那封书信，报到了朝廷。皇上认为顾有胆有识，下旨给江苏的巡抚把这位教师召到京城来。而顾不知个中缘由，自忖恐怕是当过年家的教师受牵连了，害怕株连之祸，反而服毒自杀了，真是可惜！

类似事件，何止一桩。据《栖霞阁野乘》载，有一次，年和一位姓沈的家庭教师一起吃饭，饭中有一粒谷子没有脱壳，那位沈老师随手把它拣了出来。年大将军见了，回头向护卫示意，那护卫出去了，不一会，将一颗头颅掷在了阶下，说：“厨师拣米不净，已将他斩首。”

耕斋点评

这种事情，于年羹尧，本不足为奇。令人拍案惊叹的是：那位姓顾的老师，敢于写信声讨年大将军，却因恐惧株连而饮鸩自尽。掩卷沉思，真有古人“苛政猛于虎”同样的感慨。

笑者有心

《南亭笔记》　清·李伯元

康熙暮年牙齿尽脱，尝在池上率嫔妃钓鱼取乐。偶举竿得一鳖，旋脱去。一妃曰：『亡八挠了。』（北京谓走曰挠）皇后在左曰：『光景是没有门牙了，所以衔不住钩子。』妃斜视康熙而笑不止。康熙怒，以为言者无意，笑者有心。因贬妃终身不使近御。

在清朝十三个皇帝中，康熙削三藩之乱，平定台湾，完成全国统一……可称是最有作为的一代雄主了。

但皇帝毕竟是皇帝，俗话说“伴君如伴虎”，即使在这样的“圣祖”身边做人，也须战战兢兢，如履薄冰。

康熙在位六十一年，活到六十九岁。他晚年时牙齿掉光，玩兴不减，有一次和嫔妃们钓鱼取乐，钓到了一只甲鱼。但挥竿之间，那鳖脱钩了。一个妃子说：“王八逃走了。”皇后在一边说：“可能是没有门牙了，所以咬不住钩子。”那妃子瞟视着康熙笑个不停。康熙发怒了，认为言者无意，笑者有心，就把那妃子贬走了，这辈子不得再近身。

原本以为是自己的老公，开个玩笑不要紧，谁曾想从此被打入冷宫，那妃子一定懊悔极了。她可能至死都不明白：曾经那么宠幸自己的男人，怎么会这样翻脸不认人？

耕斋点评

不允许任何人破坏自己的形象，挑战自己的权威，这似乎已成了天下独裁者的一条铁律。康熙可称是“明君”了，整起人来，也绝不手软，他之诛鳌拜，即是又一佐证。鳌拜在康熙父亲清世祖在位时，就已是朝廷大臣。康熙即位时年仅八岁，鳌拜尽管军权在握，其实也并未想谋反，只是倚老卖老，言语中对这位小皇帝有点不敬。康熙十四岁亲政后，就一直想除掉他。据说鳌拜的臂力过人，曾“挽强弓，以铁矢贯正阳门上，侍卫十余人拔之不能出”。康熙为了除掉鳌拜，暗地在宫中训练了一百多个壮士准备对付他，可谓处心积虑。两年后，时机成熟，康熙先让人把一张座椅的脚折断一根，又将茶碗在水中煮沸，然后召鳌拜入内，假惺惺地赏茶赐坐。鳌拜持杯烫手，又加座椅不稳，不免杯砸人翻。康熙见状喝斥：“鳌拜大不敬！”埋伏着的壮士一拥而上，擒了鳌拜。

平心而论，比起鳌拜的“子孙俱从戮”，康熙的这位妃子能免除一死，得以深宫度余生，已算是相当幸运的了。

不敢洗面

《石林燕语》　宋·叶梦得

卢相多逊素与赵韩王不协。韩王为枢密使，卢为翰林学士。一日，偶同奏事，上初改元乾德，因言此号从古未有，韩王从旁称赞。卢曰：『此伪蜀时号也，』帝大惊，遽令检史视之，果然。遂怒，以笔抹韩王面，言曰：『女争得如他多识！』韩王经宿不敢洗面。翌日奏对，帝方命洗去。自此隙益深。

宋朝赵匡胤是一介武夫，靠发动兵变夺得政权，所以当了皇帝后，“杯酒释兵权”，对武将严加防范，朝廷一切职位，从近侍之臣，到边防大帅，都选用文人担任。但这样做，只是赵对武将的猜忌，而决非是对文人的尊重。

文官的最高追求莫过于当宰相了，所谓“一人之下，万人之上”，何等荣耀。但赵普（韩王）作为辅佐太祖夺天下的开国之相，一言不合，照样被赵匡胤奚落得够呛。那天赵普和卢多逊同时到皇帝处议事。赵普是枢密使，卢为翰林学士，两人彼此不和。其时赵匡胤刚刚将国号改为“乾德”，说这国号从古未有，赵普在旁亦称赞不已。卢多逊却说：“这是五代十国割据四川自封为帝的前蜀用过的国号。”赵匡胤大惊，马上令手下查检，果真如此。赵匡胤大怒，拎起毛笔就涂抹赵普的脸孔，并训斥道：“你怎么就没他那样多的知识呢！”赵普回家后一晚上都不敢洗脸。直到第二天上朝，太祖皇帝发话了才敢洗去。自此，赵与卢的成见就更深了。

卢多逊其实也是一个可悲的人。知道宋太祖喜欢读书，他就千方百计通过书馆小吏，把皇上所读书目搞到手，漏夜补读。第二天上朝时，一旦皇上问起书中之事，其他大臣都答不上，只有卢能应答如流。但即使如此讨好皇上，爬到了宰相的高位，仍因小事拂了龙鳞，结果被贬崖州，死在了天涯海角。

尽管卢多逊赵普等为取宠圣上而互相倾轧，作为“家天下”的皇帝，赵匡胤压根儿就没把这些大臣当回事儿。据说有一次他到赵普家去，正碰上吴越王钱俶派人到宰相府送礼。赵普吓得索索发抖，赵匡胤却笑着说：“这个姓钱的小子，大概以为国家的事情，都是由你们这班书生决定的呢！”可能那天皇帝心情还好吧，揶揄一番以后，并没翻脸。否则赵普不光是被涂成大花脸，恐怕头上的六斤四两都难保了。

秦桧送鱼

《智囊全集》　明·冯梦龙

秦桧用事，天下贡献先入其门，而次及官家。一日，王夫人常出入禁中，显仁太后言：『近日子鱼大者绝少。』夫人对曰：『妾家有之，当以百尾进。』归告桧，桧咎其失言，明日进糟青鱼百尾。显仁拊掌笑曰：『我道这婆子村，果然！』

南宋奸相秦桧把持朝政时，全国各地的贡品，都要先送入相府，余多再顾及宫中。一天，秦桧的老婆王氏到内宫，宋高宗的母亲显仁太后向她抱怨："这些日子，大一点的钱塘江鲻鱼都很少吃到了。"王氏说："臣妾家有，这就送一百条过来。"王氏回家后将此事告诉秦桧，秦桧责怪她说错了话。第二天，秦桧将一百条糟过的青鱼送入了宫中。太后见了，拍手笑道："我就知道这婆子弄不灵清，宫中都没有的东西，相府又怎会有呢?"

耕斋点评

秦桧的霸道和狡黠，于此暴露无遗。

别以为下属会倾其所有巴结上司。恰恰相反，很多时候，贪官在上级面前往往装得很清廉。他们偶尔也请客送礼，但事先都反复掂量过，送谁、送什么，唯恐"送礼送出鬼来"，被人抓住把柄。秦桧之所以不敢把家中的鲻鱼送入宫中，顾忌的，正在于此。

即使在下级面前，秦桧做事也是滴水不漏的。据说有一年，这位奸相的孙子秦埙要考进士了。秦桧得知朝廷要派"中书舍人"程厚去主持考试，便请程来相府玩。程与秦桧平常来往密切，便欣然应邀。程来到相府，被带到一间内室，室内陈设简陋，只桌上放着一本册页，上面是秦埙写的一篇赋，题为《圣人以日星为纪》。程厚不由坐下逐页翻阅，期间，除了奴仆不断送来酒菜，竟无人打扰。到了晚上，程厚见秦桧仍未露面，只好告退，但心中一直不明白秦桧的用意。几天后，程厚接到了主掌考试的任命，才恍然大悟，于是就以那天在相府所见文章命题，让秦埙轻轻松松得中第一。最后廷试时，还是皇上心生疑惑，怎么秦埙答的话，都是他爷爷秦桧平时所说之语，这才把他降为第三。

但，若要人不知，除非己莫为。秦桧鬼鬼祟祟做的一切，包括和王氏密谋陷害岳飞的罪恶，结果都"东窗事发"，而这位巨奸，最终也被钉在了历史的耻辱柱上，遭到了世世代代民众的唾弃。

罗公远

《开天传信记》 唐·郑綮

罗公远多秘术，最善隐形之法。上就公远，虽传受不肯尽其要。上每与同为之，则隐没人不能知。若自试，或余衣带，或露幞头脚，每被宫人知上所在。上怒，命力士裹以油幞，置榨木下，压杀而埋弃之。不旬日，有中使自蜀道回，逢公远于路，乘骡而笑谓使者曰：『上之为戏，一何谑耶？』

传说唐朝的罗公远会隐身术。唐玄宗跟他学，但如“猫教老虎”，关键一招罗就是不肯传授。两人一起玩时，人能隐没。如果玄宗独自试，则总会露出马脚，被人识破。玄宗一怒之下，下令将罗公远裹上油巾用榨木压杀埋掉。过了些日子，有出差的官员从四川回京，竟在路上碰到罗公远。他骑在骡子上笑着对那人说：“做游戏嘛，皇帝怎么开这样的玩笑?”

这种大头天话，古人的笔记小说中是常见的。过去科学不发达，一些奇人奇事，一传再传，便成为神异。我们今天看过算过，并不会当真。只是唐玄宗这个人，却让人看不透。他是武则天的孙子，但为了夺权，可以杀尽中宗的皇后韦氏和自己的奶奶武氏两大集团几乎所有的人。玄宗前半生，重用贤臣，励精图治，开创了“开元之治”。据说他任用的宰相韩休直言敢谏，弄得玄宗人都瘦了一圈。身边人劝他罢了韩相，玄宗说：“我瘦了不要紧，只要天下人肥了，就好呀！”但就是这样一位明君，到了晚年，也变得昏庸了。喜欢听好话，重用奸臣如李林甫、杨国忠、安禄山之流，把儿媳杨玉环纳为自己的贵妃，终日寻欢，不理朝政……终于酿成了“安史之乱”。

权力如没有约束，会令人迷乱，江山系于一人，黎民万众都成了刀俎上可任意宰割的鱼肉，岂止戏杀一个罗公远这样的道士。童谣说“小伢儿，搞搞儿，搞得不好闹架儿”。其实，弄权者的面孔如伢儿脸，说翻就翻，是最惹不起的。

王沈趋张

《齐东野语》　宋·周密

张说之为承旨也，朝士多趋之。王质景文、沈瀛子寿，始俱在学校有声，既而俱立朝，物誉亦归之。相与言：『吾侪当以诣说为戒。』众皆闻其说而壮之。已而，质潜往说所，甫入客位，而瀛已先在焉，相视愕然。明日喧传，清议鄙之，久皆不安而去焉。

封建专制社会的皇权和相权，历来是一对矛盾。皇帝佬儿要快活，最好事情都叫宰相干；但宰相活儿多了，权力太大，他又不放心。于是“大权独揽，小权分散”，诸如将相任免、立皇后、定太子……稍为精明点的国君，都是自己独断的。所以唐宋以降，皇帝的命令就分为两种：请翰林学士撰写，从内宫直接发出的重要诏书，称为“内制”；由宰相拟就的一般诏书，则叫“外制”。那个在禁中直接和皇帝接触的“大秘书”，就是“承旨学士”，可见其地位有多重要。而南宋的张说，就担任过这一职务。

张说这个人既无才识，又无德行，起初是因为其父的军功而被启用。入仕后，又因娶了高宗吴皇后之妹，遂受重用。乾道七年，宋孝宗想提拔他进枢密院，结果遭到了有识之士的抵制，大臣刘珙以与张共事为耻，冒着反抗皇命的危险，托病不上朝，一时舆论大哗。

但皇帝圣旨口岂能置疑，张说还是进入了领导核心层。官场历来是最讲现实的，张说当上了“承旨”，成了皇上身边的人，朝廷的官员便争相前来巴结。却说有两个京官，一个叫王质、字景文，一个叫沈瀛、字子寿，彼此商量说：“这种阿谀奉承的事，我俩可千万不能去做。”听说他们有这样的约定，同僚们都很赞誉。可过了没几天，王质便偷偷地到张说家去了，刚进入客厅，就看到沈瀛已先在那儿了。想不到会在这里撞见，彼此都感到窘惊。第二天此事到处传开，名流谈及都嗤之以鼻。而王沈后来京官当不成，也都被贬去职。

或以为王质沈瀛都是惯于钻营拍马的小人，其实不然。这两人都是南宋有名的词人，科班出身，同在宋高宗绍兴三十年中的进士，王还当过“太学正”即“京师大学堂”的领导，在知识界很有声誉。后来两人被提拔当了朝官，各界对他们的评价也很好。约定不去张家套近乎，结果却还是去了，应该说是无奈之举。

专制社会要做官，特别是要想做京官、做大官，无非两条路：一是皇帝钦定，再是大臣推荐。或说不是有“科举”吗？其实中国的科举制度虽然比西方的贵族世袭制更能广开才路，但说到底，仍不过是取一功名，也即入仕的资格，要想谋个实职，还得走上述两条路。最好当然是状元及第、招为驸马、然后当一个钦差大臣，但那都是戏文中的赏心乐事，现实生活中，几人能有这样的洪福？即使德才皆备，精忠报国，居在深宫的皇帝也不认得你。在非民选的封建社会，一般人要晋身仕途，还得靠官官相荐，上面没有人给你说话，一切免谈。俗话说：“朝中无人莫做官”，事实上，还真是那么回事。

一钱斩吏

《鹤林玉露》　宋·罗大经

张乖崖为崇阳令，一吏自库中出，视其鬓傍巾下有一钱，诘之，乃库中钱也。乖崖命杖之，吏勃然曰：『一钱何足道，乃杖我耶？尔能杖我，不能斩我也！』乖崖援笔判曰：『一日一钱，千日一千。绳锯木断，水滴石穿。』自仗剑，下阶斩其首，申台府自劾。

张乖崖即张咏，是宋初一位有较大影响的大臣，尤以治蜀著称。北宋仁宗时期，士大夫们甚至将他与赵普、寇准并列。“乖则违众，崖不利物，乖崖之名，聊以表德。”是张咏在自己画像上的题赞，从此被人称为张乖崖。

张乖崖在崇阳当地方官时，一次看到一个下级官员从库房出来，鬓傍巾下藏有一钱。在张的盘问下，对方承认这钱是从库房中拿来的，张乖崖就命令下属罚打此人几十大板。那个官员勃然大怒，说只是一文钱而已，有什么了不起的，你就要棒打我？就算你狠，能打我棍子，也不能据此杀我。张乖崖闻言，提笔写下判词：“一日偷一钱，千日偷千钱，时间长了，绳能锯断木头，水能滴穿石板。”亲自迈下台阶，拔剑将那官员斩首示众。然后张咏将此事上报知府，自责其罪，请求处分。

耕斋点评

官员监守自盗，案发后还犟头倔脑，自是不对。但毕竟只是一钱，却为此掉了脑袋，张咏的这种做法，实在大有问题。

“一日一钱，千日一千……”还未发生的假设，怎能作为犯法事实？张咏的论罪推定，首先就违背了司法公理。

谚曰：“百善孝为先，论心不论迹，论迹贫家无孝子；万恶淫居首，论迹不论心，论心天下少完人。”看见美女，心有所动，即为淫邪，这是违反人性的论断。如果真要这样做的话，那么男人恐怕都要被视为流氓。

或说：水温柔，故溺死者多；火炽烈，故焚伤者少。刑罚严厉，总比宽纵要好。所谓“乱世用重典”，我看恰恰是把因果关系倒了个头。回顾历史，太平盛世，总是和谐社会；而严刑峻法，往往造成天下大乱。秦朝法令严酷，被征民工误期不到，便要杀头。陈胜吴广们就是因为天雨误了行期，与其被杀，不如揭竿而起造反的。

从这种意义上说，以权代法，严刑酷法，也是社会不安定的因素。

细查史料，发现促使张咏“一钱斩吏”的深层原因，是在于那个下属公开顶嘴。《鹤林玉露》的作者对此是持赞赏态度的：“盖自五代以来，军卒凌将帅，胥吏凌长官，余风至此时犹未除。乖崖此举，非为一钱而设，其意深矣，其事伟矣。”为了维护个人的权威，搞“一言堂”，竟然如此草菅人命，封建社会的专制腐败，真是没话可说。

当官不容易

《老学庵笔记》　宋·陆游

北方民家，吉凶辄有相礼者，谓之『白席』，多鄙俚可笑。韩魏公自枢密归邺，赴一姻家礼席，偶取盘中一荔枝，欲啖之。白席者遽唱言曰：『资政吃荔枝，请众客同吃荔枝。』魏公憎其喋喋，因置不复取。白席者又曰：『资政恶发也，却请众客放下荔枝。』魏公为一笑。『恶发』，犹云怒也。

笔者承亲朋厚爱，曾当过多次婚庆喜宴的主持人。这种所谓“司仪”，介绍与会嘉宾、掌控宴会程序、协调婚礼气氛……还真不是个轻松活。

近读陆游的《老学庵笔记》，想不到这种角色，宋代就已盛行，只不过称为“白席”，叫法和搞笑程度，和现在略有不同。却说北宋高官韩琦回老家邺县省亲，应邀到一姻亲家赴宴，就遭遇了一次“白席”的特别礼遇。韩琦曾任朝廷的枢密副使，参与范仲淹主持的“庆历新政”，史称“韩范”，名重一时。新政失败韩琦仕途几经沉浮，终得起用，拜相封魏国公。这样一位中枢大员衣锦还乡，自然成了宴会的焦点。那司仪可不含糊，韩偶然取了盘中一颗荔枝，正想剥食。“白席”就朗声宣布：“首长吃荔枝了，请众客同吃荔枝。”韩琦厌憎这人喋喋不休太烦了，便把荔枝放回盘中。想不到那“白席”又喊道：“首长懊恼不想吃了，请各位也放下荔枝。”韩琦听了，真是哭笑不得。

的确不能责备这位“白席”，作为司仪，他是尽职的。也不能全怪这套礼仪制度，人和人的阶差，有时候就靠这样来区分的。据王蒙著书回忆，他当文化部长时，想放下官架，结果差一点和一些作家“打”成一片。还是文怀沙朗声提醒：做官，怎么能没有架子！

看来这个“官”，也不是那么容易当的：到一处，有人迎送；走几步，有人陪护；动一动，有人摄像；说一说，有人记录……威风是威风的，但做人的生趣何在，实在要大打折扣！

银样镴枪头

《老学庵笔记》　宋·陆游

毛德昭名文，江山人，苦学至忘寝食，经史多成诵，喜大骂剧谈。绍兴初，招徕，直谏无所忌讳。德昭对客议时事，率不逊语，人莫敢与酬对，而德昭愈自若。晚来临安赴省试，时秦会之当国，数以言罪人，势焰可畏。有唐锡永夫者，遇德昭于朝天门茶肆中，素恶其狂，乃与坐，附耳语曰：『君素号敢言，不知秦太师如何？』德昭大骇，亟起掩耳，曰：『放气！放气！』遂疾走而去，追之不及。

评点时事，臧否人物，是人们，特别是男人都喜欢做的事。一般人，对敏感话题，仅点到为止，不大会豁边。但也有一些人却偏爱夸夸其谈，口无遮拦，显出一副与众不同的“斗士”模样。这种人，北方叫“大嘴”，南方则称“大炮”。

近读陆游《老学庵笔记》，意外地发现了一位宋朝“大嘴”的故事，却原来这种人自古就有。

江山人毛德昭读书十分用功，学问也好，经史典籍随口荡荡，不少都背诵得出。才高不免气盛，这位才子最喜欢高谈阔论，评议时事，骂起人来，什么话都说得出口。因为太咄咄逼人了，所以人们都不敢与他对话，而人们越是这样，毛德昭越是自鸣得意。宋高宗绍兴初年，舆论环境还比较宽松，说话出格一点还不太要紧。待到秦桧当了宰相，打击异己，独揽朝纲，言语稍有不慎就会遭罪，朝廷内外就没有人敢直言了。有一位姓唐的朋友本来就看不惯毛德昭的狂放，一次碰巧与其在朝天门茶馆中相遇，就附在德昭耳边悄声说：“早就听说您直言敢说，不知对秦桧怎么看?”德昭闻言大骇，急忙起身掩耳说：“哪个说的，真是放屁!”当即快步离去，追都追他不上。

陆游一枝妙笔，画出了古今伪“大嘴”银样镴枪头的真面目。别以为台上侃侃、台下咄咄者，真都是民生卫士、民主斗士。君不见，《红岩》中的甫志高，当地下党领导时，迎解放的调子唱得比谁都高，一朝抓进渣滓洞便立马成了叛徒。至于台湾岛上的那个满嘴厥词的李登辉，据说当年见蒋经国时，诚惶诚恐，是双膝并拢，一把椅子都只敢坐半张的。

闽娼

《菽园杂记》 明·陆容

闽中一娼色且衰，求嫁以图终身，人薄之，无委禽者。乃决之术士，云年至六十当享富贵之养，娼不以为然。后数年，闽人子有奄入内廷者，既贵，闻其母尚存，遣人求得之，馆于外第。翌日出拜之，遥见其貌丑，耻之，不拜而去。语左右曰：『此非吾母，当更求之。』左右观望其意，至闽求美仪观者，乃得老娼以归。至则相向恸哭，日隆奉养，阅十数年而殁。

雁是一种守时守节的飞禽，古时人们婚嫁，常以雁为聘礼，称为“委禽”。

福建有一妓女，年老色衰后想从良，但被人看不起，一直没有收到聘礼。算命的对她说：到了六十岁当享富贵，她根本不相信。多年以后，有一位闽籍太监派人回乡寻母，找到后，又嫌老太太相貌丑，不愿相认。手下的人揣摩太监的意思，再找，结果找到了那个闽娼。毕竟是风月场中之人，徐娘半老，风韵犹存，太监觉得这样的娘亲，带出去才有面子。老娼从此得到厚养，享了十多年福才去世。

耕斋点评

封建社会，宦官是皇帝身边的人，是很有权势的。他们虽说被阉，据说大多家中仍有妻妾，且多美貌，为的就是男人的面子。而像本文这位找个妓女做母亲，这个“面子”可就有点挣得过分了。妙的是，尽管是假戏，但你看他们母子“相向恸哭”，做得居然像真的一样，也真要有点本事。

得士

《读孟尝君传》 宋·王安石

世皆称孟尝君能得士，士以故归之，而卒赖其力以脱于虎豹之秦。嗟乎！孟尝君特鸡鸣狗盗之雄耳，岂足以言得士！不然，擅齐之强，得一士焉，宜可以南面而制秦，尚何取鸡鸣狗盗之力哉？夫鸡鸣狗盗之出其门，此士之所以不至也。

世人都说孟尝君能礼贤下士，而这位齐国的公子被秦昭王软禁，最后也的确是靠了手下那些鸡鸣狗盗门客帮忙，才脱离虎口的。但王安石认为，孟尝君这样做，根本不能算“得士”，否则，凭齐国的实力，即使是得到一位有本领的“士”的相助，也完全可以制约暴秦，何必再要那些宵小出力呢？而正因为孟尝君收罗了一大班鸡鸣狗盗之徒，所以真正的“士”就不肯前来效力了。

清代学者沈德潜对王安石这篇文章的谋篇布局，评价很高，但对王的观点，却有不同看法。沈认为：王将“士”限于经世济邦出将入相者，有失偏颇；一笔抹倒小人物的作用，亦欠公允；而“得一士”可“南面而制秦”，则体现作者狂傲、固执、排他的个性。王安石的变法失败与此种思想大有关系。沈的这种说法，还是相当有道理的。

强中有强

《清稗类钞》　清·徐珂

（廿）凤池尝游济宁，有李公子者，其地之豪族，且高手也。知其至，盛筵招饮，初见相揖，凤池方折腰，李揖之还，于其低首时，以一足由其头上闪过。凤池若不觉者，周旋而退，李方笑其徒负虚名，而自诩也。凤池旋遣人送一纸裹至，启之，见寸许大青白绸二小块，再四思索，忽悟己所衣夹裤亦此二色，急视之，裆穿一洞。盖李举足时，凤池已手撮其裆矣。李遂款留之，请受业焉。

甘凤池是康熙雍正年间金陵（即今南京）人，精于内外家拳法和剑术，为清初八大拳勇之一，有“江南大侠”之称。

关于甘凤池的功夫，野史上记载颇多。且说他有一次到济宁游玩，当地有一位姓李的豪门公子，也是个武林高手，得知甘来了，便设盛筵招待。两人初次见面互相鞠躬致礼，甘凤池刚弯下腰，李匆匆还礼毕，乘甘低头时，以一足由其头上掠过。凤池好像没有觉着，周旋应酬后告辞而返。李公子十分得意，正在讥笑甘徒有虚名之时，凤池派人送来了一个纸包。李打开一看，里面是一寸见方一青一白两块绸布，再三思索，忽然想到自己所穿的夹裤正是这两种颜色，急忙检视，果然裤裆上已被挖穿一洞。原来李抬腿时，凤池已手撮其裆，而李竟然莫知莫觉。李公子就此对甘五体投地，款待留宿，请求甘凤池收他作为徒弟。

强中还有强中手，这是江湖上告诫人虚怀待人的古训。其实甘凤池初出道时也跟李公子一样，是吃过骄傲的苦头的。据甘自述，一次他途经江西某地，在广场上拉场子卖弄武艺，正自鸣得意时，忽然有一个驼背老汉在人丛中笑道：“花拳绣腿，还要在大庭广众显臭，难道就不怕被人耻笑？”甘凤池一看，说话者老态龙钟，便嗤笑说：“老头活得不耐烦啦？”老人答道：“你恐怕还活不到介老呢！”甘一听大怒，想把那老人拉进场内教训一番，但拖了半天，那人却纹丝不动。甘更火了，拔拳就打，老人鼓腹以当，甘觉得自己的拳头似乎打在了棉花上，心中大骇。老人说：“你打了我介多拳，且让我还一拳如何？”甘也鼓腹以受。老人说：“这样危险，我只须打你屁股就可以了”。甘不信，老人便轻轻拧了一下其屁股，甘痛得简直要发狂，过了好几天伤才痊愈。甘凤池这才服输，想拜老人为师，老者不答应，只跟甘说以后走江湖，当避“和尚、女子及老翁”这三种人。

笔者少时习武，教我形意拳的师傅也说：“一不打和尚，二不打黄胖。”与甘凤池所闻颇为相似。史籍没有记述为何，私心揣摩，这几类人都貌似懦弱，敢走江湖，必有真功。强中更有强中手，这强，是不可以貌相取的嘛！

英雄忌人

《语林》　东晋·裴启

孙策年十四，在寿阳诣袁术，始至，俄而外通：『刘豫州备来。』孙便求去，袁曰：『刘豫州何关君？』答曰：『不尔，英雄忌人。』即出，下东阶，而刘备从西阶上。但得转顾视孙，足行殆不复前矣。

孙策是孙权的兄长，从小随父亲孙坚征战四方，作战骁勇，人称“江东小霸王”。父亲死后，他曾投靠袁术，但得不到信任。后来，他用传国玉玺作代价，才从袁术手中换得了三千旧部的指挥权。孙策率部转战江东，虽二十六岁即被敌伏杀，但毕竟为弟弟开创了“三国鼎立”的东吴江山。

这位少年英雄看来个性很强。得知刘备来了，他就避而不见。袁术说：“刘备与你何干？”他说：“英雄忌人。”

“惺惺相惜”不稀奇，“英雄相忌”却难得听说。但公开不说，并非这种情况就没有。时至今日，单位里、地方上，一 二把手不睦的事，还是常有耳闻。只是少见孙策这样率真的小英雄，多的是刘备这样的老江湖，可以与曹操煮酒论英雄，也可以转身盯看小霸王而忘了迈步。至于台上握手台下踢脚的事，那更是天下英雄应知应会的基本功，不懂这一套，要叱咤风云，我看也难。

坐处不安

《榆巢杂识》 清·赵慎畛

李敏达公卫，传闻不多识字，办事精敏，凡章奏稿案，听人诵之，多所指正。一日，奉诏他使，适患痔，欲陈所苦，幕中恐字样不庄，久之不能措笔，公曰：『何不云坐处不安耶？』闻者翕服。

江苏铜山人李卫没有文化，他那个官是靠捐资得来的。但李卫虽识字不多，却颇有才干，深得雍正皇帝的信任，历任浙江巡抚、刑部尚书、直隶总督等要职，死后还被谥为敏达公。现代人说“文凭不一定代表水平”，有时的确是这样。你看李卫痔疮发了，打个报告想推卸差使，手下的一班幕僚就不知道如何措辞了。他说：“那就写坐处不安吧！”秘书们听了个个叹服。

不识字并不等于不学无术。据说李卫对文人十分敬重，在当地方官时，修浙江志、建书院，做了不少有利文化的事。他公干之余还经常请人讲述汉唐史事，听到忠贤屈抑、奸臣当道，他会呜咽愤骂、拔剑击撞。端的是个血性男儿。

疗贫有术

《健庐随笔》　近代·杜保祺

医者意也，非聪明人不足以精此。近代名医叶天士医术神奇，一时无两，自称有病即能医，有某谒天士，曰：『吾病贫，君其无能为力。』天士曰：『易耳。』乃取一文钱，令市某种子，归而植之庭际。至翌春，花叶繁茂，而时疫忽起，天士每方均用该叶作引，别处无从购，某居奇出售，获利数千金，遂成小康云。

叶天士是清康熙雍正时代的名医，民间关于他的医术佳话很多。有说一富家子弟两眼染疾，肿痛难忍，慕名找叶天士诊治。叶说：“你的眼疾倒无妨，只是七日内，脚心必生痈，毒一发，性命交关！”那人闻言大惊，向叶求救。叶就教他：“息心静坐，以自己左手擦右足心三百六十遍，右手左脚同样，每天七次，七天后，再来施治。”过了七天，那人又来了，对叶说：“眼病已经好了，不知脚痈还会不会发？”叶天士笑了：“发痈是骗你的。公子你富贵双全，事事如意，所惧者死耳。惟以死动之，则他念俱寂，一心注足矣。手擦足心，则火下行，目疾自愈。不然，心愈燥，目愈痛，虽日服灵丹，也不会有效果。”

可见高手诊病，从来是因人而宜，身心皆顾，辨证论治的。叶天士被誉为一代神医，绝非浪得虚名。

有人却偏要来寻开心，说是你叶氏自称有病即能治，那么我今朝“病贫”，你有什么解决的办法呢？谁曾想叶天士并非只懂看病，社会经验也相当丰富，他从容应对道：“这太容易了。”说着，他从口袋里拿出二文钱，叫来人去买一种花籽，回来撒在园子里。到了第二年春天，种子发芽了，花叶长得十分繁茂。正逢时疫流行，叶天士每个方子都用这种花叶作药引，别处无货，此人物以稀为贵，靠出售花叶获利丰厚，就这样脱贫奔了小康。

所以说“不为良相，便为良医”，治人与治国，基本的道理应该是相通的。

不由想到《健庐随笔》此文的作者杜保祺，却也有一件轶事值得记闻。杜是民国著名法学家，且写得一手好文章。1939 年春，杜到戏院观看电影《我若为王》，并以他儿子的名义写了一篇不足五十字的短文，参加戏院的征文活动，“竟获首选”：“我若为王，当选贤任能，除奸攘敌，修明内政，与民同乐，然后推位让国，功成身退，率神仙之眷属，为景物之流连，不亦快哉。”愿望是好的，能不能做到，则又当别论矣。

罚人食肉

《古今谭概》

明·冯梦龙

李载仁，唐之后也。避乱江陵，高季兴署观察推官。性迂缓，不食猪肉。一日将赴召，方上马，部曲相殴。载仁怒，命急于厨中取饼及猪肉，令相殴者对餐之，复戒曰：『如敢再犯，必于猪肉中加之以酥！』

克雷洛夫寓言中有一则《梭子鱼》的故事，读来令人忍俊不禁：森林王国中的梭子鱼犯了罪，法官山羊作出判决，将梭子鱼扔到河里淹死。羊是怕水的，以为鱼也怕水，结局如何自然可想而知。

“己所不欲，勿施于人”，这是教人向善的做法；如果要惩恶，那是否可以倒过来做，“己所不欲，偏施于人”呢？答案应该是不定的。因为有时候己之不欲，却正是人之所好，也未可知。

但偏有人犯傻，干了山羊那样的蠢事。

五代十国时，有位唐朝皇室后裔名叫李载仁的，避乱江陵，在当地军阀高季兴手下谋了一个官职。这位李先生生性迂腐，最不喜欢吃猪肉。一天上级叫他去开会，刚上马，手下两个随从却打起架来。李载仁恼怒了，吩咐仆人从厨房中拿来饼及猪肉，命令打架者互相监督把它们统统吃下去，并告诫：“如敢再犯，就在猪肉中加上酥油，让你们吃！”

李载仁“罚人吃肉”的做法，被史家记录在册，成了千古笑柄。

其实，这位李唐皇族，本来为人就是“一根筋”。据说他读了当时的一本畅销书《百忌历》，就信以为真。李载仁和老婆是分室而居的。有一天，妻子春心撩动，来敲他的房门。李赶紧拿出《百忌历》翻查，阅后大惊失色：“今夜河神在房中，你怎么可以睡过来！”生生把娇妻拒之门外。

现代人聪明，或以为不会再干李载仁这种傻事了。其实不然。君不见有些地方，领导的身边人“犯错”，首长严辞训斥之余，往往将其调离机关，分流到企事业单位任职，而这些单位，或改制可持股，或年薪六位数……照老百姓的说法，真是“小狗落屎坑”，求之不得矣。

难道真有人这么“拎不清”？非也，大凡蹊跷之事，其中必有蹊跷之情，只是“天知、地知、你知、我知”罢了！

休说韩信

《古今谭概》　明·冯梦龙

党进镇许昌。有说话客请见，问：『说何事？』曰：『说韩信。』即杖去。左右问之，党曰：『对我说韩信，对韩信亦说我矣！』

党进是北宋初年著名的将领，出身行伍，形貌魁岸，曾随宋太祖征战南北，奋勇杀敌，大败北汉军于太原城下，深得赵匡胤赏识。党进性格极其粗鲁直率，当时禁军将领上朝，都把自己统率的兵员数量写在手握的梃上，一次宋太祖问党进统领多少士兵，党进不识字，举起手中的梃，说：“都在这里。”让赵匡胤自己查看。赵因其直朴，更器重他。

由于没文化，又直言无忌，因此这位莽汉经常会闹出一些笑话。台湾的作家柏杨还专门写了一篇名曰《党进先生》的文章，搜集有关他的野史，揶揄这位仁兄。如有一次，天寒地冻，党进拥炉酌酒，直吃得满头大汗，扪腹徐行，叹道：“天气不正。”门外站岗的士兵应声道：“小人这里，天气很正。”原来门外风雪交加，小兵正冻得瑟瑟发抖。又有一次，党进酒足饭饱，摸着肚子说：“我没辜负你。”左右笑道：“将军不辜负肚子，肚子却辜负了您，没给您出一点好主意。”……

冯梦龙这里记叙的，也是挖苦党进的一则轶事。党进镇守许昌时，一次，有位说书的上门求见。党进问他：“说什么事儿?”答道：“说韩信。”党进闻言大怒，叫手下用棍子把他打了出去。旁边的人诧异发问，党进说：“这个人在我面前说韩信的不是，对韩信也会说我的坏话!”

诸如此类故事，还有不少。读后我却并没多少厌憎感，而只是觉得这位草莽将军的可爱。没读过书，不知道韩信是汉代人，有什么可笑的。讨厌喊喊喳喳“人前说我，我前说人”，就不简单。且我想党进不但直率，还一定是个随和的人，否则，手下的随从乃至士兵，谁敢多嘴多舌，跟顶头上司开“腹负将军”这样的玩笑。

上行下效

《却扫编》　宋·徐度

滕龙图达道布衣时，尝为范文正公门客。时范公尹京，而滕方少年，颇不羁，往往潜出，狭邪纵饮，范公病之。一夕至书室中，滕已出矣，因明烛观书以俟，意将愧之。至夜分，乃大醉而归。范公阳不视，以观其所为。滕略无慑惧，长揖而问曰：『公所读者，何书也？』公曰：『《汉书》也。』复问汉高祖何如人，公逡巡而入。

滕达道，宋哲宗时曾加封龙图阁大学士，所以史称“滕龙图”。据说北宋名臣范仲淹（谥文正）是滕的舅父，滕没中举前，曾寄宿在范家。当时范仲淹在京城做官，而滕比范要小三十一岁，还是个少年。滕生性放达，不喜欢约束，常常一个人溜出去，喝酒滋事，寻欢作乐。范仲淹认为这样下去，这个孩子要糟掉了，十分担忧。一天晚上范到书房查看，发现滕又出去玩了，于是就点亮蜡烛看书等候，想以自己的做法羞愧滕。到了半夜时分，滕大醉而归。范假装没看见，看他有什么表现。滕一点也没有畏惧的样子，向着范深深地鞠了一躬，然后问道：“舅父在看的，是什么书呀?”范说：“是《汉书》。”又问：“那汉高祖是怎样的人呢?”却原来刘邦年轻时也喜欢纵酒作乐，不务正业，一句话说得范仲淹无言以对，徘徊了一阵只好踱进室内去了。

翻检史书，其实滕达道并不是一个无赖。滕是东阳陈宅人，自小聪慧，九岁就能赋诗，宋仁宗皇祐年间得中进士，随后，在英宗、神宗、哲宗三朝都做过级别不低的官。滕直言敢谏，“神宗知其忠诚，事无巨细，人无亲疏，辄皆问之。”神宗时河北地震；哲宗时淮南饥荒，朝廷都派滕去处理，而滕赈济灾民，恢复生产，每次都不辱使命。

由此可见，滕年少时与范的这场“口角”，并非事实上的正邪之争，而更像观念上的因果之辩。在这里，滕俨然是一个离经叛道“愤青”的角色：“皇帝佬儿都这样，我为什么不可以?”难怪至忠至贤的范仲淹，可以自勉勉人“先天下之忧而忧，后天下之乐而乐”，面对后生这样的责问竟也默默无言。

或称：“上行下效”；老百姓的话更直率：“上梁不正下梁歪。”可见反腐倡廉，领导干部的表率作用有多重要!

杨慎

《情史》　明·冯梦龙

杨状元慎以议礼戍永昌，侨寓安宁。遍游临安、大理诸郡，所至携倡伶以从。皆大理董秀才为杨罗致，人呼为『董牵头』。诸夷酋欲得其诗翰，不可。乃以精白绫作袄，遣诸妓服之，使酒间乞书。杨欣然命笔，醉墨淋漓裙袖。酋重赏妓女携归，装裱成卷。杨后知之，更以为快。杨用修慎字，在泸州尝醉。胡粉傅面，作双丫髻插花。门生舁之，诸妓捧觞。游行城市，了不为怍。

杨慎，字用修、号升庵，是明代著名的文学家。他自幼聪慧，二十四岁就中了状元，初授翰林修撰，后来又当上了经筵讲官。杨为人正直，不畏权势，给明世宗朱厚熜讲课时，总会选一些有益的史实开导他。世宗是因为堂兄武宗死后无子，“兄终弟及”而当上皇帝的。按皇律，他要认世宗的父亲为“爹”，而自己的亲爹只能称为“皇叔父”。但朱厚熜不买这个账，非要群臣议定，尊生父为“皇考”。这就是明史上有名的“议礼”之争。此举遭到杨慎等一批大臣的反对，世宗震怒，索性改称生父为恭穆皇帝，将带头反对的八个大臣抓了起来。杨慎听到这个消息，十分愤怒，他激动地说：“国家养士一百五十年，仗节死义，正在今日。”于是，到金水桥边痛哭，“声彻宫庭”。世宗益怒，把杨慎也抓了起来，廷杖两次，将他打得死去活来，然后充军云南永昌。

杨慎正是在这样的背景下，谪守西南的。长歌当哭，他携妓而游，放浪形骸。当地的头人想求杨的墨宝而不得，只好用绫做成衣服，让妓女穿了，待酒醉后请杨在上面题词，然后拆下来装裱成卷。一次在泸州喝醉了，杨慎还将头发盘成双髻，涂粉插花，让门生抬着自己，妓女们捧着酒杯，一起在城里游行，一点没有愧怍的样子。

行文至此，不禁想到了当代的省部级高官胡长清，同样是冶游，同样是弄墨，杨是佯狂，胡是真贪；杨是报国无门发配边陲后的郁怒，胡是下派锻炼仕途看好下的勳好。孰优孰劣，至此自明。

曾国藩受骗

《南亭笔记》　清・李伯元

曾文正在军中，礼贤下士，大得时望。一日，有客来谒，公立见之，其人衣冠古朴，而理论甚警。公颇倾动，与谈当世人物。客曰：『胡润之办事精明，人不能欺；左季高执法如山，人不敢欺；公虚怀若谷，爱才如命，而又待人以诚，感人以德，非二公可同日语，令人不忍欺。』公大悦，留之营中，款为上宾，旋授以巨金，托其代购军火。其人得金后，去同黄鹤。公顿足云：『令人不忍欺，令人不忍欺！』

曾国藩据说是会得看相的。

有一次李鸿章命三位淮军将领参见曾国藩。曾让他们在客厅等候，自己避在屏风后面暗中观察，始终没有露面。三人离去后，曾评价道：麻脸的那位白等两个小时，以为遭到羞辱，气得面红耳赤，是条血性汉子；高个子从容而立，此人沉毅有为；那矮子眼神闪烁，有人经过时站得规矩，无人时就吊儿浪当，没出息。不出曾所料，那麻脸将军即刘铭传，后来率兵收复台湾，大败法军；高个叫张树声，积功升至两江总督；而那矮子投机钻营，也不过当了个道台。

曾国藩还把相人的心得总结成专著《冰鉴》，应当说对自己识人的本领，他是颇自负的。

想不到这样一位老江湖，竟然也有失察的时候。

一位衣冠古朴、识见不俗之人，用言语骗取了曾国藩的信任，结果卷走了代购军火的一笔巨款，逃得无影无踪。

细考究，这位老兄的手法，其实也并不多少高明，简言之，就是一句话："投尔所好"。曾国藩这人表面谦恭，实际上自视甚高，总以为自己是儒学的代表，在私德的修练上要高人一筹。胡润之即胡林翼虽然政绩卓著，但只是个湖北巡抚，无论官级和声望，都不能与曾相比。而左季高即左宗棠，攻洪杨、剿捻军，战功几乎可与曾齐平，但心直口快，与曾后来闹得几乎决裂。这个骗子看穿此点，与曾臧否人物时，初听似乎也在褒奖胡、左，实际上却借两人作台阶，将曾捧得更高。俗话说："阎罗王都要听好话"，曾国藩岂能免俗。

华王优劣

《世说新语》 南朝宋·刘义庆

华歆、王朗俱乘船避难，有一人欲依附，歆辄难之。朗曰：『幸尚宽，何为不可？』后贼追至，王欲舍所携人。歆曰：『本所以疑，正为此耳。既已纳其自托，宁可以急相弃邪？』遂携拯如初。世以此定华、王优劣。

这里说的华、王优劣，其实与道德无关。乘船逃难途中，有人想搭他们的船一起走，一开始是华歆不同意。王朗觉得船还宽敞，就答应了。等到敌人追近，却是王朗着急了，想撇下那人管自走。所以两人的本意，都不是真的想救人。

两人的优劣在于胆魄与决断上面：一个出尔反尔，一个做了不悔。正如乡谚所谓："无事不可胆大，有事不可胆小。"真的敌人追近了，"既已纳，宁相弃"，还是华歆敢于担当。

至于说到道德，王朗作为汉臣，却投靠曹操父子，逼迫汉献帝让位，诸葛亮骂他："卿本佳人，奈何做贼"，大节自有亏损；而华歆的名声也好不到哪里去。据说华歆小时候与管宁同席读书，有当官的马车经过，华歆就羡慕得撂下书本出去观看，以至弄到管宁与他"割席绝交"。当官后他助曹操为虐，废汉献帝诛伏皇后；曹丕篡汉，华歆又登坛授皇帝玺绶，确是一个迷恋权力、寡廉鲜耻的人。

马猴之死

《春晖草堂笔记》

近代·张天锡

骆文忠公秉璋，抚湘时，蓄一大马猴。每出，猴必随之，坐于舆后杠上，身长四尺，银练盘颈，不锁，第亦不去。盖猴日必贪洋烟一钱，且需人为之，故不能去也。性及顽劣，每侦公见客，猴即攫取戈什大帽戴之，戏弄于傍。戏毕，脱而掷诸污泥。凡人有所作，亦效其状，终日扰攘，署中众恨甚，以公所爱，不敢与较，私相计议无法摈除。有黠者思得一法，见猴来，即出阳物置石上，手举一石击之，迨石下腰向后微缩，阳已离石矣，因无碍也。猴见状果效其作，讵石下不知后缩，阳具碎裂而毙。报公验视果无语，由是孽除。

先要解释一下什么叫马猴。有说是替人驯马的猴。错！马猴其实就是弥猴。章太炎《新方言·释动物》中说：“沐猴：母猴；母猴：弥猴；今人谓之马猴，皆一音之转。”清代学者段玉裁在《说文解字注·猴》中特意说明：“母猴乃此兽名，非谓牝者。沐猴、弥猴皆语之转、字之讹也。”

骆秉章是清道光朝的进士，历任湖南巡抚、四川总督，同治二年在大渡河诱杀石达开，授太子太保，卒谥文忠。却说骆秉章抚湘时，养了一只弥猴。他每次出行，猴必相随，坐在他的轿后杠上。那畜生身长四尺，银练子盘在项颈上，不锁也不会逃走。原来这猴每天要吃洋烟二钱，且要人侍候它，所以不会逃走。此猴性极顽劣，每次看到主人在会客，它就把旁边侍卫官的大帽子摘来戴上，戏弄于傍。戏毕，即把帽子脱下掷在污泥中。每次人做什么，它就效仿，终日捣乱，官署中大家都恨死它了，但因为是主人的宠物，谁都不敢与它计较。正当众人无计可施时，有狡黠者想出了一个办法：见猴来，就把自己的生殖器露出来放在石板上，手举一石击之，等到石头将击中时腰向后微缩，此刻生殖器已离开石板了，所以没有危险。猴见状果然来效仿了，但它石头击下时不知道后缩，阳具碎裂而毙。手下将此事汇报后，骆秉章亲自来验看过，也没有什么话好说，就这样除掉了这一孽种。

耕斋点评

读罢此文，觉得这猴虽然顽劣，却也可怜。说穿了，猴的种种劣行，都是效仿人的。你们抬轿，它就坐杠；你们抽烟，它也上瘾；你们怕官，它才敢取了侍卫的帽子戏弄给主人看；而将官帽戏罢扔在污泥中，这猴还颇有点愤世嫉俗的反叛精神呢。但猴终究狡黠不过人，人想出了如此“下作”的办法，猴识不了其中的玄机，终究搭上了自己的小命。

犬不识字

《智慧全集》 明·冯梦龙

南昌祝守以廉能名。宁府有鹤，为民犬咋死，府卒讼之云：『鹤有金牌，乃出御赐！』祝公判云：『鹤带金牌，犬不识字。禽兽相伤，岂干人事！』竟纵其人。又两家牛斗，一牛死。判云：『两牛相斗，一死一生。死者同享，生者同耕。』

明朝朱元璋称帝后，将自己二十多个儿子分封到各地驻守，第十六子朱权被派在今天内蒙赤峰宁城一带，称为宁王。待到永乐皇帝登基后，担心诸王谋反，就把实力最强，号称“带甲八万，革车六千”的宁王改封到江西南昌，并削除护卫剥夺了其兵权。

宁王朱宸濠是朱权的五世孙，在南昌作威作福，俨然是一个土皇帝。但僻居江西，毕竟局促，在几个术士的蛊惑下，朱宸濠自信龙姿凤表，有天子之相，不免萌生非分之想。

危机于是潜生。有三个知识分子先后卷入了与宁王的冲突之中，说出来可都是戏！

一个就是本文的主角祝瀚。祝是浙江山阴县天乐乡（今萧山进化镇）人，由京城外派到江西南昌任知府。据《浙江通史》载：祝瀚“廉明有威，强直不屈”，任期内“清理田租，抗灾救荒，兴办学校，约束属官”，有“祝青天”的美誉。一天，宁王府养的一只鹤，溜到外面被老百姓的狗咬死了，王府的兵丁告到知府衙门说：“宁王的鹤挂有金牌，那可是皇帝御赐的啊！”祝瀚判道：“鹤虽带金牌，但狗不识字。禽兽相伤，和人有什么关系！”当场放了那个老百姓。又有一次，两家牛斗，一只牛死掉了。官司上来，祝瀚判道：“两牛相斗，一死一生。死的牛两家分享吃掉，活着的牛须给两家耕地。”祝瀚廉明的做法被宁王忌恨，他为此决然辞官，此后二十年隐居家乡不入城市。南昌百姓感恩，特建祝公祠纪念之。

另一位是有名的画家唐寅（字伯虎）。唐青年时中应天府解元，后赴京会试，因舞弊案受牵连入狱。出狱后唐被宁王以重金聘到南昌，后发现朱宸濠有谋反意，遂佯装疯颠，脱身回归故里苏州，从此绝意仕途，潜心书画，终成一代大家。

最后要说的是吾浙的阳明先生王守仁。王自小学文习武，骑射兵法，样样精通，明弘治十二年举进士，宦海沉浮，正德十一年升任左佥都御史、南赣巡抚。王阳明虽为书生，但上马治军，下马治民，政绩卓著。正德十四年，宁王叛乱，王阳明率军攻占南昌，又乘胜追击活捉了朱宸濠，后因功遭忌，辞官回乡讲学，在绍兴、余姚一带创建书院，终成就了自己“知行合一”和“知行并进”的“心学”体系。

国人素有“读书做官”的传统，但中国的知识分子，更有“达则兼济天下，穷则独善其身”的风骨，正如《论语》所谓：“士不可以不弘毅”，朱熹注称：“弘大刚毅，然后能胜其任而致其远。”

狡狼

《聊斋志异》　清·蒲松龄

有车夫载重登坡，方极力时，一狼来啮其臀。欲释手，则货敝身压，忍痛推之。既上，则狼已龁片肉而去。乘其不能力之际，而窃尝一脔，亦黠而可笑也。

狼真是一种相当狡猾的动物。你看它，在车夫推车上坡之际，来咬他的屁股。这时候的车夫，腾不出手来对付它，否则车子翻掉重货压身，性命都难保了。待到上了坡，那狼早就叼着车夫屁股上的一小块肉跑掉了。联想到世间的小人，也总是在你想干点事情，无暇旁顾之际，来纠缠和攻击你。此刻的你，千万不能分心，一定要坚忍，该做啥仍然做啥，否则一松手，就会前功尽弃。

屠狼

《聊斋志异》　清·蒲松龄

一屠暮行，为狼所逼。道旁有夜耕者所遗行室，奔入伏焉。狼自苫中探爪入。屠急捉之，令不可去。顾无计可以死之，惟有小刀不盈寸，遂割破爪下皮，以吹豕之法吹之。极力吹移时，觉狼不甚动，方缚以带。出视，则狼胀如牛，股直不能屈，口张不得合。遂负之以归。非屠，乌能作此谋也！

《聊斋志异》并非都讲狐鬼之事，也记录有生活中的一些轶闻，读来饶有兴味。

一个杀猪的屠夫，夜行被狼所逼，躲到了田野中的一个窝棚里。那狼估计是饿急了，爪子钻过棚壁的草席探了进来。屠夫一把抓住狼爪，使其不能逃脱，但身边只有一把长不过寸的小刀，无法捅过壁去杀死那畜生。屠夫灵机一动，用小刀割破了狼爪上的皮，然后像杀猪刮毛时那样，用嘴对着口子拼命吹气。一会儿觉得狼不再挣扎了，便用带子把口子扎紧。跑出去一看，见那狼体胀如牛，腿脚绷直不得弯曲，嘴巴撑开不能合拢，已被活活胀死了。

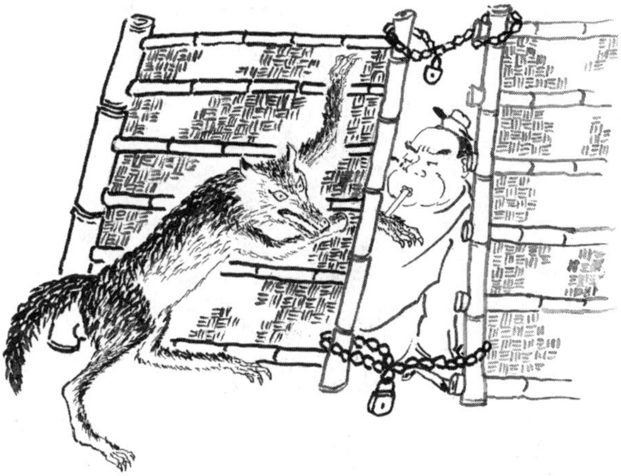

蒲松龄闻之十分感慨：如果不是杀猪的，谁还能想得出这样的妙招？

过去的读书人，为了科举前程，不得不读那些陈腐的八股文，而真的与生活和生存有关的知识，往往知之甚少。有识见的人，对此都不以为然。《红楼梦》所谓："世事洞明皆学问，人情练达即文章"，讲的就是这层意思。而民谚调侃："装得羊癫疯，也能赖债用"，则更是说得有点极端了。看来，多懂一点日常的知识和技巧，总还是有用的。

狐媚

《阅微草堂笔记》　清·纪昀

有少年为狐所媚，日渐羸困，狐犹时时来。后复共寝，已疲顿不能御女。狐乃披衣欲辞去，少年泣涕挽留，狐殊不顾。怒责其寡情，狐亦怒曰：『与君本无夫妇义，特为采补来耳。君膏髓已竭，吾何所取而不去！此如以势交者，势败则离；以财交者，财尽则散。当其委曲相媚，本为势与财，非有情于其人也。君于某家某家，皆向日附门墙，今何久绝音问耶？乃独责我！』其音甚厉，侍疾者闻之皆太息。少年乃反面向内，寂无一言。

托狐鬼以言人事，这是蒲松龄和纪晓岚为文的共同点，《聊斋》与《阅微草堂笔记》被后人誉为清代笔记小说的“双璧”，不是没有道理的。

本篇中的狐女虽然媚人，讲的却是真话：“我与你本没有夫妻情义。你性无能派不来用场了，我当然要走。这正像你攀附人家那样，那几户人家势败了、财尽了，你就不与人家来往了，还好意思来说我?”说得那个男人哑口无言。

人如果只为自己考虑，那么，一切情义都是子虚乌有的。在位时宾客盈门，离职后门可罗雀；有钱时一呼百应，负债后告贷无门；年轻时倾国倾城，色衰后独守空房……世俗社会，人情淡薄，物欲横流，可怕之处正在于此。“它把宗教虔诚、骑士热忱、小市民伤感这些情感的神圣发作，淹没在利己主义打算的冰水当中。”老祖宗的这番话，时隔两百多年，听来仍声声入耳。

鬼畏人拼命

《子不语》　清·袁枚

介侍郎有族兄某，强悍，憎人言鬼神事，每所居，喜择其素号不祥者而居之。过山东一旅店，人言西厢有怪，介大喜，开户直入。坐至一鼓，瓦坠于梁，介骂曰：『若鬼耶，须择吾屋上所无者而掷焉，吾方畏汝。』果坠一磨石。介又骂曰：『若厉鬼耶，须能碎吾之几，吾方畏汝！』则坠一巨石，碎几之半。介大怒，骂曰：『鬼狗奴！敢碎吾之首，吾方服汝。』起立，掷冠于地，昂首而待。自此寂然无声，怪亦永断矣。

孔子生前有两样东西是绝口不谈的，一是“死”，说“不知生，焉知死”；二是“妖魔鬼怪”，所谓“子不语怪力乱神”。我们的清代杭州老乡袁枚，将自己听闻的鬼怪之事集为一书，取名为《子不语》，着实与孔夫子幽了一默。

袁枚此书，虽然广采惊悚之事，但对鬼怪，我觉得他内心其实与孔先师一样，亦是不相信的。谓予不信，请看本篇所记之事：朋友有位本家兄弟最恨人说鬼神，越是“闹鬼”的地方，他越是要去住。一次出差，人说旅店西厢房有鬼，他就通宵坐等。到了半夜，果然有瓦坠落，此人骂道：“你如真是鬼，那就拿屋里没有的东西掷下来”，言毕，屋顶果真落下一块磨石。他又骂道：“你厉害，能将我的茶几砸碎，我才怕你！”空中应声落下一块巨石，真把茶几砸碎了。这人大怒，起身掷掉帽子，骂道：“你这个鬼狗奴，敢砸碎我的头，我才服了你！”顿时空屋无声，鬼怪再也不敢作祟。

犹记儿时所唱童谣：“癞痢背洋枪，洋枪打老虎，老虎吃小孩，小孩捉蜜蜂，蜜蜂叮癞痢……”说的是一物降一物，世上到底谁怕谁呢？而今方知，这个世界，余不可畏，就怕拼命。“中国人死都不怕，还怕困难么？”伟人斯语，真是洞明了世道人心的至真之言。

无所不能

《茶烟歇》 近代·范烟桥

许瑶光知嘉兴府事，有能吏称，自负博学，无所不能。有下吏患病来假，许纡尊往视疾，并望问闻切，畅论病源，兼及治法，兴之所至，且为制方。下吏以上官关念恳挚，弗敢有违，即以方配药而服之，竟至不起，亦官场笑柄也。

清同治年间的嘉兴知府许瑶光是湖南长沙人。他在浙江为官三十年，三任嘉兴府知府，政声卓著，被当时舆论誉为“近世少有的贤太守”。同治十二年（1873年），许瑶光任期已满，动身前去北京述职，嘉兴地方士绅、民众在南湖烟雨楼为他饯行，盼他述职后再来嘉兴复任知府。为此，民众将湖心岛上一座新造的亭子取名“来许亭”，以表心意。

现在嘉兴南湖“来许亭”的匾名，还是1983年陈从周请俞平伯先生题写的。俞的夫人为许宝驯，故俞在给陈的信中调侃道：“从周兄：……屡承揄扬，俾鸦涂留迹湖山，诚为荣幸，其姓氏与内子偶合，尤触感怀，他日将为鸳鸯湖上添一谈资矣。惟近眼昏手劣，笔墨疏懒，如勿多加招徕，更为铭感，当蒙鉴谅也。”亦是南湖一段佳话。

据说许瑶光还参与过“杨乃武与小白菜”一案的复审。与其他官员不同的是，许在审讯中没有用刑，杨得以“尽翻前供”。

由此可见，许瑶光无疑是位能臣。

但能人也会闹笑话。有一次许的一位下属病了，他放下架子亲往探视，并望问闻切，当起了中医。许详解病源、兼及治法，说得兴起，还代为开了药方。下属看到上司这样关爱，岂敢有违，马上照方抓药煎后服下，谁知竟然一病不起丧了性命。

看来即使是能臣，也并非无所不能。联想到现在不少地方，举凡工程设计、项目招标、资金预算……乃至楼建多高、桥造多宽，样样都要一把手拍板。而我们的一些领导干部，在阿谀奉承声中飘飘然了，也以为自己真的无所不知、无所不能，乐意干这种“签字画押”的行当。一旦闹出笑话，屋倒桥塌……遭殃的，就不止许瑶光下属那样的一条命喽！

官癖

《子不语》　清·袁枚

相传南阳府有明季太守某殁于署上，自后其灵不散，每至黎明发点时，必乌纱束带，上堂南向坐。有吏役叩头，犹能颔之，作受拜状。日光大明，始不复见。

雍正间，太守乔公到任，闻其事，笑曰：『此有官癖者也！身虽死，不自知其死故耳。我当有以晓之！』乃未黎明即朝衣冠，先上堂南向坐。至发点时，乌纱者远远来，见堂上已有人占坐，不觉趑趄不前，长吁一声而逝。自此怪绝。

这是清代著名诗人，我们杭州老乡袁枚在他的《子不语》中记载的一则故事。“子不语”，取意于《论语》所谓“子不语怪力乱神”，作者坦言自己文中所记的，正是孔子所不屑讲的神神道道、妄言妄听的东西。

但《子不语》表面上讲的似乎只是鬼怪，实际上影射的还是人世，所以鲁迅先生在《中国小说史略》论及时，认为其“屏去雕饰，反近自然”，对袁枚此作有很高的评价。这篇《官癖》，反讽之意味尤为显见。

相传河南南阳府，有一位明代的太守死在衙门里，阴魂不散。旧时官府，长官每天于卯时（早上五点至七点）要点名检查到班的衙役，称为发点。每当此时，这位鬼太守必定会头戴乌纱，腰束玉带，上堂朝南而坐。如有吏役向他叩头，他还会颔首致意，作出接受叩拜的样子。直到天大亮后，才隐匿不见。

却说清雍正年间，有一位姓乔的太守到南阳任职，听说有这样的事情，不由笑道：“这个人真是当官当上瘾了！身体虽然死了，魂灵还不知道自己已经死了呢。我有办法让他知晓！”第二天凌晨，天还没放亮，这位乔太守就穿上朝服戴好官帽，提早上堂朝南坐好了。到发点时，那个戴乌纱帽的鬼太守远远来了，见堂上已有人占坐，不觉犹豫不前，长叹一声而消逝了。自此衙门内就再也没有闹过鬼怪。

人死了还恋恋不舍官位，做鬼了上班前再来坐一坐也是好的，看来当官的味道真是太美妙了！设想这位鬼太守，朝廷的俸禄和潜规则的“十万雪花银”，死了，应该是拿不到了。何苦起大早来每天坐堂点卯？为的恐怕就是要享受那做官的感觉。你看乌纱束带，南向而坐，那自我感觉就不一般了；何况还有众多吏役毕恭毕敬地叩头如仪，那作派那威势，那“一人之下，万人之上”颐指气使的感觉，稍不自知，真的如同吸食鸦片那样，要上瘾的哩！

缕葱丝

《鹤林玉露》　宋·罗大经

有士夫于京师买一妾，自言是蔡太师府包子厨中人。一日，令其作包子，辞以不能。诘之曰：『既是包子厨中人，何为不能作包子？』对曰：『妾包子厨中缕葱丝者也。』曾无疑乃周益公门下士，有委之作志铭者，无疑援此事以辞曰：『某于益公之门乃包子厨中缕葱丝者也，焉能作包子哉！』

这是南宋罗大经记叙的一个故事。有位士大夫从京城买回一个女子作小老婆。这个女人自称是当今太师蔡京府上的人，是专为他做包子的厨房工作人员。一天，这位丈夫要她做几个包子来尝尝，她却说不会做。责问她："既然是包子厨房出来的人，为什么不会做包子？"答道："因为贱妾只不过是包子厨房中，专门负责拣理洗切葱丝的人。"

故事到此本该结束了，不料后面还有因此带出的一则轶闻：宋孝宗时的宰相周必大（封益国公）有位门生名叫曾无疑。一天，有人请这位宰相门生帮忙代作一篇纪念文章，曾无疑就援引了那位小妾的故事作托辞说："我在周益公门下，也不过是包子厨中一个拣切葱丝的人，怎么会做包子呢！"

于是，一则史料便有了两样解读。对那个小妾来说，由于人称宋朝"六贼"之一的奸相蔡京生活奢侈，宰相府里"食不厌精，烩不厌细"，各式厨房，分工繁密，她可能真的只会理理葱丝，做不了包子。而对曾无疑而言，作为宰相门生，写篇墓志铭之类的文章，不过是小菜一碟。他之所以推托，非不能也，是不为也。其实曾无疑是一位著名的花鸟画家，范曾先生至今对其传神的画风十分推崇，说："南宋曾无疑对草虫笼而观之，伏而察之，至下笔时'不知我为草虫耶，草虫为我也'。"这样投入的一位艺术家，可能打心里不屑作那种虚情假意的志铭文章。

记得齐宣王曾向孟子讨教"不能与不为"有何区别。孟子说："挟泰山以超北海……是诚不能也；为长者折枝，……是不为也，非不能也。"把泰山挟持着飞过北海，除了神仙，常人真的干不了；但为老人折根柳枝，不过是举手之劳，那有做不了之说？只是愿为情人而不肯为老人去做罢了。

由此可见，许多事情，不是人们做不了，而是人们不肯不愿不屑去做。现如今很多民生之事百姓投诉久拖不决，有关部门互相推诿"踢皮球"，其因，大多可作如是观。

不爱古玩

《古今谭概》　明·冯梦龙

有一朝士家藏古鉴，自言能照二百里，将以献吕文穆公。公曰：『我面不及碟子大，安用照二百里之镜乎？』不用。

孙之翰，人与一砚，直三十千，云：『此石呵之则水流』。翰曰：『一日呵得一担水，只直三文钱，何须此重价！』

这是冯梦龙搜集的二则“不爱古玩”的故事。一则是写吕文穆公，即北宋的名相吕蒙正的。一位同僚家里收藏有一面古镜，自称是广角镜，能照二百里方园，准备将它献给吕宰相。吕蒙正说：“我的面孔还不及碟子大，怎么用得着照二百里的镜子呢?”婉拒了来人的送礼。一则是写孙之翰的。孙是宋朝宁波慈城人。据说有人送孙一方砚台，市场价要值三万元，原因是：“对着呵气这砚台上会有水流出来”。孙子翰说：“即使一天呵得一担水，也只值三文钱，怎么要介高的价钱!”让送礼者也碰了个软钉子。

或以为吕、孙两人不识宝，那就大谬特谬了。明白人一眼就能看出，这其实是他们拒贿的一个借口。

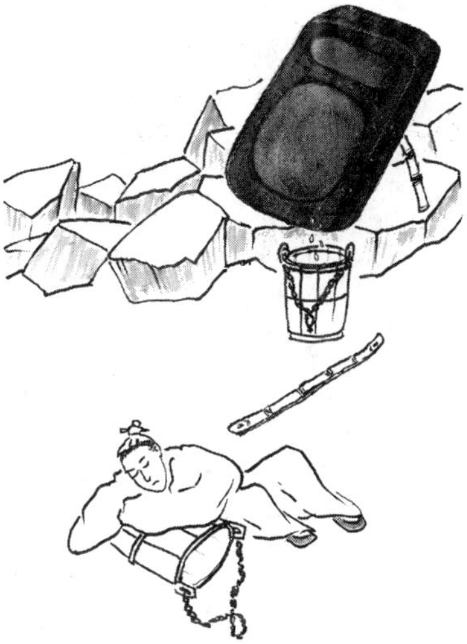

看来，将古玩作为礼品相送，并非是现代人的发明，而是古已有之的事情。送元宝赤裸裸，人家不敢收也不便收；送古玩字画既雅致，含金量又高，自然成了行贿者的首选。而作为受礼方来说，这些玩意儿可以欣赏、可以变现、可以遮人耳目、可以升值传代……要挡住它们的诱惑，有时候比拒收金钱更困难。

最坚固的防线，莫过于人自身的道德戒律。不必说孙子翰是被大宋皇帝旌表过的有名的孝子；就拿吕蒙正而言，幼时被父遗弃，与母同住寒窑，以乞讨为生，后发奋读书，终官至极品，也是一个对人生有清醒认知的人。从受人鄙视到被人追捧，吕对人情冷暖、世态炎凉有着切肤的感受。他曾作《寒窑赋》，说：“吾昔寓居洛阳，朝求僧餐，暮宿破窑，思衣不可遮其体，思食不可济其饥，上人憎，下人厌。人道我贱，非我不弃也。今居朝堂，官至极品，位置三公……思衣而有罗锦千箱，思食而有珍馐百味……上人宠，下人拥。人道我贵，非我之能也。”正因为对人对己有此深刻的认识，才能不被物欲左右，从而真心感叹：“天有宝，日月星辰。地有宝，五谷金银。家有宝，孝子贤孙。国有宝，正直忠良。”

宰相肚里

《古今谭概》

明·冯梦龙

王文正公旦，性量宽厚，不屑细物。有控马卒岁满辞公。公曰：『汝控马几时？』曰：『五年矣。』公怪曰：『吾不省有汝。』既去，复呼回曰：『汝乃某人乎？』曰：『然。』于是厚赠之。盖平日控马，公但见其背不见其面故；因去见其背，方省也。

王旦是宋真宗朝的宰相，为人十分宽厚，也不跟人计较细枝末节之事。有一次，给他牵马的一位兵丁服役期满向他辞行。王问道：“你牵马牵了几年啦?”答说：“五年了。”王旦诧异地说：“我怎么不认得你。”待到那兵丁告辞走了，王又差人把他叫了回来：“原来你就是某人噢?”答说：“正是在下。”王于是给了他一大笔复员金。却原来平日牵马，王旦只见其背不见其面；而当这位兵士离去时，王看见他的背影，方才将他认了出来。

堂堂朝廷命官，却不固执己见，知道自己搞错了，立即予以纠正，王旦真是“宰相肚里好撑船”啊！

宋真宗时还有一位宰相叫寇准，因力荐“杨家将”而青史留芳，又以一出《寇准背靴》之戏而名满天下。但诸位不知，这位贤相的“成长”经历，却与王旦息息相关。据说当王旦任宰相时，寇准屡次在皇上面前说王的短处，然而王旦却总是极力称赞寇准。有一天真宗笑着对王旦说：“卿常赞寇准的长处，但准却专说卿的短处呢！”王旦回答说：“臣居相位年久，难免有许多缺失，寇准将这些无所隐瞒都向陛下汇报，足见他的忠直。”真宗由此更赏识王旦。一次，王旦有公文送寇准任职的枢密院，文辞有点不合格式，寇准便上奏皇帝，王旦因而受到责问。不到一个月，枢密院有公文送宰相府，文辞也不合诏令格式。下属发现后高兴地呈给王旦，认为这下逮到报复的机会了。可是王旦却将公文送回枢密院更正，并不上奏。寇准大为惭愧。

当寇准免去枢密职位后，曾私下求王旦举荐他为相，王旦惊异地说：“国家将相重任，怎可用求来得呢?”寇准心中很不愉快。其后皇上果然提拔寇准为相。准入朝拜谢说：“若不是陛下知遇，臣那有今日?”皇上便将王旦一再推荐之事告知，寇准非常惭愧感慨，自觉德量远不及王旦。后来寇准终于不负王旦，亦成为宋朝贤相。

以待贤能

《后山谈丛》　宋·陈师道

太祖为太原镇将，舍县人李媪家，媪事至谨。他日访其家，媪则死矣，得其子，以为御厨使，久之不迁，求去。太祖曰：『以尔才地，御厨使其可得邪？爵禄以待贤能，而私故人，使我愧见士大夫，而尔意犹不满邪？』

这是一则居然向皇帝变相“跑官要官”的故事。

宋太祖赵匡胤未登基前，曾做过镇守太原的军官，寄宿在当地一位姓李的老妇家，老妇服侍得很周到。赵当上皇帝后，一天回访其家，其时老妇已去世了，赵便收留了她的儿子，让他做了管理御厨房的头头。这样过了几年，那小子以为该提拔了，但一直没能升迁，就赌气要求辞职走人。宋太祖说：“如果仅凭你的才能，能得到管理御厨房这样的差使吗？朝廷的官职和俸禄是给那些贤能之士的，看在你娘的面上把这官职私下给了你，已经使我愧见士大夫啦，而你怎么还感到不满足呢？”

赵匡胤断然拒绝了这位身边人变相“要官”的念想。至于那小子后来结局如何，史料上没有记载。我想，既然皇上都这么说了，稍微知趣的人，都会乖乖地在御厨房呆着，不敢再有任何非分之想了。

耕斋点评

古往今来，“跑官要官”之所以禁而难绝，总有人想走这样的捷径来提升自己的官职，原因是多样的，但有二条不得不引起我们的重视。一是“有所持”。伸手要官的人，总认为自己手中握有足够的筹码，所以才敢向上面开这个口。文中那个御厨使，“持”的是老妈和赵匡胤多年的交情。而时下各式各样的“要官者”，或“持”人情拉关系，或“持”财情搞贿赂，更有甚者，捏住了上司的把柄要挟之，那才真叫“有持无恐”！二是“走得近”。御厨是给皇帝佬儿搞吃的，正因为一日三餐，天天跟皇上搅在一起，那小子才敢向赵匡胤开口。而如今，领导干部的“身边人”，或“近水楼台先得月”，自己伸手要官；或成了外埠“跑官”者“公关”的主要目标，要知道，“枕边风”吹起来，是很难抵御的嘛。

对策至此也已明了。如宋太祖那样，一是要看“才”，不管你持有这，持有那，要提拔，就得看你持有多少真才实料。否则，给你做个食堂领班已经算抬举了，你还要怎么着？二是要看普天下士大夫的脸色。谁循私情提拔不称职的干部，谁就将愧对广大干部群众的信任。

雅步如常

《啸亭杂录》 清·昭梿

史文靖公贻直，器量宏大，风度翩然，尝有不时宣召，公雅步如常。或有催促之者，公曰：『天下安有奔迫之宰相耶！』人服其知大体云。

史贻直是清康、雍、乾的三朝元老，当过二十多年宰相，风度翩翩。有时候碰到皇上突然宣召，他仍跟往常一样踱着方步过去，边上的人催促他快点，他说："天下哪有急吼吼奔着去上朝的宰相!"

人的行为举止，实际上反映了人的内在修养。只有自重自尊，才能不卑不亢。据说雍正初年，大将军年羹尧平定青海凯旋回京，志得意满，气焰十分嚣张。那天年骑着高头大马率军入城，当朝王公以下的大臣都到郊外屈膝跪迎。年策马经过的时候眼都不朝下面瞟一瞟。只有史贻直站着致礼，年看到后，连忙翻身下马与他打招呼，并把所乘马让给了史，年自己换了另外一匹，两人并驾进入京城。后来年被杀，有人把这事反映了上去，雍正将史叫来查问。史脱掉官帽从容答道："我跟年羹尧只不过是同科进士，当官还不是为你皇上效力。"雍正听了觉得有理，也就不再追究。

由此可见，史做人的原则是一以贯之的，对皇上是这样，对同僚也是这样，有礼有节，有自己的人格和操守。不像有些人，对上司阿谀奉承，对同僚拉帮结派，对下属以人划线，将官场视作了一个游戏场和大卖场。

闻善眼开

《诗礼堂杂纂》 清·王又朴

高安朱文端公口不臧否人物，然于一时君子小人无不洞见其肺肝，亦不见其咨询采访也。此所谓止水自能照物。

文端公一生相业全在进贤，尝曰：『人生功名何必皆自己出？能多举用几个正人君子，则他做的事即如自己做一般。』其视人有节之长即赞不容口，闻人之善虽病倦，眉眼皆开。真可谓休休有容之一个臣矣。

朱轼（卒谥文端）是江西高安人，康熙时曾任浙江巡抚；雍正时升任吏部尚书，相当于现在的组织部长，是一个手握干部升降大权的重臣。他把培养选拔干部作为平生的乐事，看到德才皆备的苗子就称赞，听说别人做了好事，虽然在病中，他也会笑逐颜开，是一个胸怀开阔有肚量的伯乐式领导。

做组织工作的，一般嘴巴都紧，所以说老朱不“臧否人物”随便评价干部，这一点也不稀奇。但说他能一眼把君子小人看透，这就不那么简单了。细究之，并不是朱轼的眼力特别好，而是他为人正派无杂念，心境平静得像镜子那样，是一说一，是二说二，所以能够把握事物的本质。

这一点，说说容易做到难。把手中的官帽，当作稀缺商品待价而沽，这是用人的大忌。而朱轼一生提拔过许多人，“所荐达士，皆不使其人知”。根本不曾想从中获取半点回报。朱还敢于直言。据说年羹尧被杀后，雍正本想把其八十多岁的老父一并处死，九个部门的大臣都圈阅同意了，唯独朱端不肯署名。他对雍正说，年父对他的儿子自小管教很严，年羹尧犯法，不能怪他的父亲。

无欲则刚。史载，朱“自始仕至极贵，其居室、衣服、食饮，见者不知为贵人”。他在浙江当巡抚时，一次看到官府前一屠户的老婆穿得十分奢华，便把她带进衙门的厨房内，叫她辨认谁是夫人。其时朱的老婆正在帮厨，穿得与厨娘一样破旧，那女人根本认不出。朱还客气地请屠夫的老婆和自己的夫人一起吃饭，弄得其十分羞愧。此事传开后，当地的奢靡之风为之一变。

官大官小

《榆巢杂识》 清·赵慎畛

江西甘庄恪公汝来以吏部主事，蒙宪皇帝特旨，擢广西太平府知府。十二月二十七日请训，是日，上赐九卿福字，随同九卿传进，以次赐毕，呼甘进案前，连书二福字。谕令带赐粤西总督提督各一。又书一福字赐甘。甘奏曰：『外吏小臣，何敢蒙赐宸翰？』上大笑曰：『怎么说是小臣。做官只论好歹，不问大小。尔若做得好，即日就是大臣了。』……甘实不知所以报称矣。

清雍正时，朝廷外放官员到地方任职，皇帝都会事先召见训话，以示诫勉。那次吏部主事甘汝来被雍正看中，升任广西太平府知府，行前也随同一班内阁大臣一起上朝听训。

时逢年末，皇上给每位大臣赏了一个“福”字，又把甘叫到了桌前，连书了两张“福”字，让他带去赏给广西的总督和提督，完了再写一个“福”字，赏给甘本人。甘汝来受宠若惊：“我只不过是下派的一个小臣，怎么敢接受皇上的赏赐?”雍正大笑道：“怎么说是小臣。做官只论好坏，不问大小。你如果做得好，不久就是大臣了。”……甘激动得不知说什么好。

毋庸讳言，清朝特别是康雍乾盛世时，几个皇帝管理干部的确还是很有一套的，除了用各种手法笼络人心外，关键还在于能根据官员的政声决定其升降与否。据说甘汝来最初只不过是涞水县一个小小的县令，一次皇宫侍卫毕里克到乡下来驯鹰，把田里的庄稼都踩坏了。甘把这位侍卫抓了起来，打了几十大板。朝廷的一些大臣得知后吓坏了，吏兵刑三部会审，建议将甘撤职查办。结果报到皇帝那里，康熙下旨，将毕里克革职，甘汝来免罪。到了雍正手里，鉴于甘为官正直，还将他升了官，从知府、巡抚，一直当到了乾隆朝的兵部和吏部尚书，卒谥“庄洛”。

说及职位高低这一话题，不禁想到时下坊间流传的一句戏语，叫做“人到六十，官大官小一个样”，意思是等到六十岁，科长、处长、厅长……退休了，成了社区老人，大家都脚碰脚一个样啦。这话貌似“看穿”，细究之，实际上还是在乎人的职务高低。为什么非要等到退休后才不再计较呢？雍正皇帝都不在乎臣子的官大官小，作为“人民公仆”，我们怎么还汲汲于那顶乌纱帽上的几品顶戴呢?

刚正老隶

智囊全集　明·冯梦龙

宋御史台有老隶，素以刚正名，每御史有过失，即直其梃，台中以梃为贤否之验。范讽一日召客，亲谕庖人以造食，指挥数四；既去，又呼之，叮咛告诫。顾老吏梃直，怪而问之。答曰：『大凡役人者，授以法而责以成。苟不如法，自有常刑，何事喋喋？使中丞宰天下，安得人人而诏之！』讽甚愧服。

御史台是宋时的中央监察机构，负责代表皇帝自上而下地监督各级官吏是否忠实履行职责，是否遵守国家法律和各项制度，位高权重，可谓是皇帝的“耳目之司”。

却说宋真宗时御史台有一个老兵，为人刚正是出了名的。每当御史有过失，这位老兵就会竖起手中所握的木棍，作要击打状。时间长了，整个衙门的人都以这位老兵的木棍为依据，来检验当官的行事是否得当。有一天，御史中丞范讽要请客吃饭，亲自吩咐厨师准备菜肴，说了四五遍；厨师奉命进去准备了，刚走，范又把他叫了回来，再三叮咛告诫。此时范讽偶一回头，看到那老兵的木棍已经握直了。范怪而问之，那老兵答道：“一般管理者布置人去干事，只要告诉应该注意的事项，督促他去完成就可以了。如果做得不规范，自有制度法规会惩处的，没有必要喋喋不休？假使有朝一日，中丞您担任了管理全国的宰相，布置任务安排工作，难道还要普天下的官员百姓一个个去当面叮嘱！”范讽听了觉得有理，深感惭愧。

明代的冯梦龙读到这则史料，也不免心生感慨，认为如果不问资历出身，这个老兵“真宰相才”！冯在批语中还举了好几位“下等人”有“上上智”的例子，如唐玄宗时有一位叫萧颖士的进士，待仆人很凶。有人劝那位仆人走人，仆人说“非不欲去，爱其才耳”。冯认为这个仆人如此识才，真可以当“吏部郎”即组织部官员。而南北朝时的车骑将军甄琛，年轻时喜欢下棋，常通宵达旦叫仆人举着烛台陪侍，如果打瞌睡了便予挞打。那家仆说：“少爷您辞别父母来到京城，如是为了读书打我，我没话说。但现在为了下棋而打我，那就有点说不过去了。”冯梦龙认为这仆人规劝有方，真可以当“祭酒”，即掌训国子监学生的主官。

像这位老隶和那几位仆人，那真叫有胆有识。为了真理，敢于和上司叫板，那叫有胆；洞察世态人心，事事说到点子上，这叫有识。看来，昔语“高贵者最愚蠢”，不见得；但“卑贱者最聪明”，却还是有一定道理的。

不记人过

《涑水记闻》　宋·司马光

吕蒙正相公不喜记人过。初参知政事，入朝堂，有朝士于帘内指之曰：『是小子亦参政耶？』蒙正佯为不闻而过之。其同列怒之，令诘其官位姓名，蒙正遽止之。罢朝，同列犹不能平，悔不穷问，蒙正曰：『一知其姓名，则终身不能复忘，固不如无知也。且不问之何损？』时皆服其量。

北宋名相吕蒙正为人正直，襟怀坦白，不喜欢记着别人的过失寻机报复。吕刚担任参知政事（相当于副宰相），进入朝堂时，有一位朝廷官员在帘内指着吕蒙正说，“这小子也来参与朝政啦?”吕蒙正装作没有听见径直走过去了。与吕蒙正走在一起的同事听了非常愤怒，要责问那个人的官位和姓名。吕蒙正急忙制止。下朝以后，那个同僚仍然愤愤不平，后悔当时没有彻底查问。吕蒙正则说：“一旦知道那个人的姓名，则终身不能忘记，那还不如不知道为好。况且不予追究，对我来说有什么损失呢?”当时的人都佩服吕蒙正的度量。

俗谚“宰相肚里好撑船”，并非说当官就要和稀泥、捣浆糊，而是指“能屈能伸”，在原则问题上不让步，；在涉及个人名利时则韬光养晦绝不出头。吕蒙正可称就是这样一位贤相，类似轶事，史籍上记载的还有不少。却说蔡州知州张绅，因为犯贪污罪，被吕蒙正罢官。有人在宋太宗面前诬陷说：“张绅和吕蒙正都是洛阳人。张绅家很富有，怎么会贪污？他的罢官，只不过是早年吕贫苦时，向张索取钱财，张绅没有满足他。现在他做了宰相，故意报复罢了。”太宗未经查核，便恢复了张绅的职位，且贬了吕蒙正的官。后来，经有司查明，张绅确实有贪污事实，太宗只好又把张绅降职。当吕蒙正第二次入相时，太宗特地告诉他：“张绅确实有贪污行为。”吕蒙正听了，一笑了之，既没有重提旧事，使太宗难堪，也没有追究那个打小报告的人，相信“清者自清，浊者自浊”。

这样开阔的胸襟，并不是每个官员都具有的，即使在官员等同“人民公仆”的今天。报载，某市某区年初开“两会”，一位摄影记者，仅仅因为拍摄提供了一张“区长低头念稿作报告”的照片，便被单位辞退了。据称，报社领导和该记者谈话时说：“这个事情已经是个很严重的政治事故，没法保你了，连我们这些领导都已经给区长做检查了。”不就是一张照片，何必动这样大的肝火呢？善良的人们不免要问。但你损害了区长的形象，就是损害区政府的形象，“难道照片想告诉读者，××区去年的工作没做好，区长在低头认罪?”呜呼，面对如此逻辑，夫复何言！

默坐

《却扫编》　宋·徐度

刘器之待制，对客多默坐，往往不交一谈，至于终日。客意甚倦，或请去，辄不听，至留之再三。有问之者，曰：『人能终日矜庄危坐而不欠伸欹侧者，盖百无一二焉。其能之者，必贵人也。』盖尝以其言验之，诚然。

待制之名起于唐代，本为轮番值日以备顾问之意；至宋代作为正式官职之外，加给文臣的一种荣誉衔号。北宋时的刘器之就拥有这一衔头，所以后人如此称呼他。而事实上，刘之为人，也当得起人们这样的尊重。

刘器之年纪轻轻就考中了进士，但他不急于求官，却去做了司马光的学生。据说刘曾向老师请教为人之道，司马光回答说“就一个诚字”，而且要从“不妄语始”。刘器之一生遵奉老师的教诲。他后来官至“左谏议大夫”，在朝廷上，就每每仗义执言。有时拂了龙鳞，惹得皇帝盛怒，他就握着手板默立一旁，待到皇帝怒气稍解，再上前争辩。旁边的人都吓得要死，称刘为“殿上虎”，对他无不敬服。

刘器之考察干部，也有自己的一套。有人来看望他，他陪来人落座后，往往就不开口了，有时候甚至整天没有一句话。客人怠倦了，想告辞，刘却不应允，再三留他们多坐一会。有人问他为何这样，刘答道：“能终日矜持端庄地坐着，而不东倒西歪打哈欠，这样的人，一百个当中难觅一二。而能够做到的，必定是贵人。”曾有人按照刘的说法去检验，发觉果真如此。

刘的这种说法，虽然有点极端，却也不无道理。一个可依托敢担当者，必定是一个不浮躁有定力的人。老子说“静生智，定生慧。”《官箴》说：“尝见前辈作州县或狱官，每一公事难决者，必沉思静虑累日，忽然若有得者，则是非判矣。是道也，惟不苟者能之。”又说：“忍之一事，众妙之门。当官处事，尤是先务。若能清、慎、勤之外，更忍一忍，何事不办！”说的都是同样的道理。

究竟几灶

《官箴》 南宋·吕本中

徐丞相择之尝言：『前辈尽心职事。』仁庙朝有为京西转运使者，一日见监窑官，问：『日所烧柴凡几灶？』曰：『十八九灶。』曰：『吾所见者十一灶，何也？』窑官愕然。盖转运使者，晨起望窑中所出烟几道知之。其尽心如此。

宋朝曾以“庙”、“祖”称皇帝，如称宋神宗为“神祖”，称宋仁宗为“仁庙”。徐择之是宋徽宗时的丞相，比宋仁宗的仁庙朝要晚七八十年，所以称那时的官员为前辈，认为他们工作更为尽心尽责。

转运使这一官职从唐朝开始就有了，本是掌管谷物财货的运输的；到了宋朝，其职权扩大，除掌一路或数路财赋外，还兼管边防、治安、钱粮、巡察等，成为居府州之上的行政官职。却说宋仁宗时有一做京西转运使的，一天到窑场检查工作，见到监窑官后便问道：“你这里每天点火烧柴有几口灶?”答说：“十八九灶。”那转运使说：“我看到的却是十一灶，怎么搞的?”窑官惊愕得半天答不上话来。原来这位转运使早晨起来，遥望窑场，数过升起的烟有几道，所以知道灶有几口。其工作的细心尽心真是没得说的。

徐择之欣赏这种工作作风，其实他自己也是一个认真的人。据宋史记载，徐在当济州金乡县领导时，曾被宋徽宗召见过一次。皇上问：“你那儿的收成怎么样?”徐答：“旱灾后正闹蝗虫呢!”又问“城里有盗贼吗?”徐答：“有啊!”宋徽宗认为这个基层干部诚实，不但没有怪罪徐，还将他升了官。

为官不欺瞒，这似乎是最基本的素养，其实要做到也不易。君不见如今一些地方，碰到天灾，官员的反应特别迅速，前半夜洪水冲了多少房，淹了多少地，损失多少钱……后半夜数据就出来了。至于人祸，煤矿透水、瓦斯爆炸，伤亡几人……处理方法就完全换了个样，能瞒则瞒，实在瞒不住了，则吱唔其词，久久拿不出确切数据。若问为何前后判若两人，说穿了也不奇怪。前者人力不可抗拒，遭灾了，只要领导人到现场处理善后，一般便不算失职；且灾情越重，得到的救济也往往越多。而后者就没这么客气了，人为因素造成，自然要视祸害大小，追究相关领导的个人责任。所以“大事化小，小事化了”，便成了某些官员“逢凶化吉”的一道潜规则。

口不言钱

《世说新语》

南朝宋·刘义庆

王夷甫雅尚玄远，常嫉其妇贪浊，口未尝言『钱』字。妇欲试之。令婢以钱绕床。不得行。夷甫晨起，见钱碍行，呼婢曰：『举却阿堵物。』

王夷甫是晋代琅邪临沂人，本名叫王衍，夷甫是他的字。王衍很早就以“清虚通理”知名，后官至太尉，终被石勒所害。这则短文说他的清雅，说得十分形象。即使在家中，这位老王也从不谈“钱”字，还嫌他老婆贪财低俗。他老婆不服气，等他睡后，叫婢女用钱将床团团绕住。早晨起来王夷甫下不了床，但仍不说“钱”字，而是喝斥婢女把“这些物事”统统拿走。据说“阿堵”本是晋人方言，意指“这个”，因了王夷甫的这件轶事，后来反倒成了“钱”的替代词。对王夷甫的这种做法，或以为清高，或以为做作，当时就有不同看法。王隐《晋书》上就说：“夷甫求富贵得富贵，资财山积，用不能消，安须问钱乎？而世以不问为高，不亦惑乎！”真是鞭辟入里。但口不言钱关键是心不想钱，这才是为官之德。

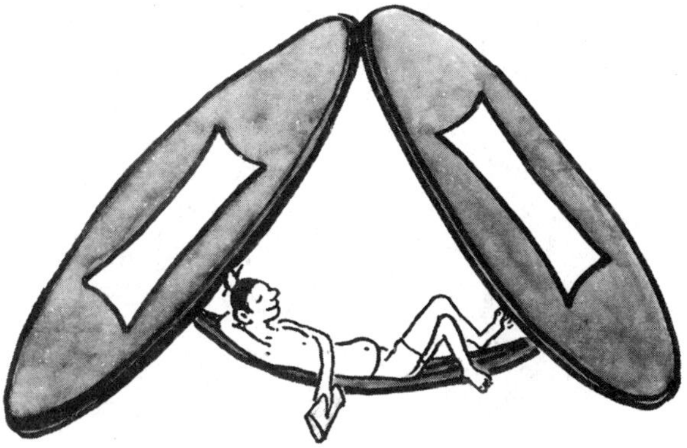

所尚唯诚

《南亭笔记》　清·李伯元

文正每日黎明，必召幕僚会食，李不欲往，以头痛辞，顷之差弁络绎而来，顷之巡捕又来，曰：『必待幕僚到齐乃食。』李不得已，披衣而赴。文正终食无语，食毕舍箸正色谓李曰：『少荃既入我幕，我有言相告：此处所尚，唯有一诚字而已。』言讫各散，李为悚然久之。

曾国藩死后被清廷追谥为“文正”，所以后人的笔记中都以此尊称。李鸿章字少荃，曾做过曾国藩的幕僚，也就是师爷参谋一类角色。

曾国藩是很注重个人修养的，常以一字训诫子弟、属下，如“勤”、“俭”、“廉”、“诚”等，且要求将其转化为日常的行为规范。

曾每天都起得很早，并喜欢召集幕僚们一起早餐，以此督促大家养成“勤勉”的习惯。一次李鸿章想偷懒，借口头痛不去会餐。曾先派兵卒后派军官络绎来叫。李没办法，只好披衣前往。结果饭后被曾严辞训斥：“既来这里工作，就要向你讲清，我这里就看重一个‘诚’字。”话不多，却说得李鸿章无地自容。

儒家“以诚立身”，所谓“至诚”、“正心诚意”，曾国藩认为是最重要的为人准则。而李鸿章摇羽毛扇出身，虽然后来也当上了直隶总督，官职几乎与曾齐平，但在修身方面，明显要相差一截。《庚子西狩丛谈》上记有一则轶闻，说李鸿章接替曾执掌北洋军政事务时，曾国藩问这位昔日的幕僚，今后如何与洋人打交道？李答：“门生也没有什么主意。我想，不管怎样，我只同他打痞子腔。”曾听后，以五指捋须，良久不语，后说：“呵，痞子腔，我不懂如何打法，你试打与我听听。”李自知失言，连忙说：“门生信口乱说，还望老师指点。”曾这才正色说：“依我看，还是一个‘诚’字。洋人也是人，还得推诚相见。”曾国藩知道，跟船坚炮利的洋人耍青皮流氓腔是行不通的，还得实实在在地与他们交涉，最终靠增强自己的实力才能对付。

曾李优劣，于此可见。

太守医托

《抱朴子》　东晋·葛洪

兴古太守马氏在官，有亲故人投之，求恤焉。马乃令此人出住外，诈云是神人道士，治病无不手下立愈。又令辨士游行，为之虚声云：『能令盲者明，躃者即行。』于是四方云集，赴之如市，而钱帛固以山积矣。又敕诸来治病者，虽不便愈，当告人已愈。如此，则必愈也。若告人言未愈，则后终不愈。道法正尔，不可不信。于是后人问前来者，辄云已愈，无敢言未愈者。旬月之间，乃至巨富。

葛洪是晋代著名的道家和医药学家，其代表作《抱朴子》上下篇，不但阐述了他学道养生的诸多心得和炼丹方术，而且记录有不少生活轶闻。葛洪借此“言人间得失，世事臧否”，得道之人，毕竟还存儒家济世之心。

且看葛洪笔下一位“地方官员”之“扶贫”。马太守在任的时候，有一位亲戚穷得叮当响，来请求救助。马叫那人住到外面去，诈称是神人道士，治病无不手到病除。又吩咐手下到街头去游说：“这位半仙能使瞎子复明，躄者即瘸拐儿健步如飞。”于是四面八方的病人都赶来求医，那位亲戚赚得“数钱数到手抽筋”。马太守又勒令来看过病的人：“有人问起时，一定要说毛病已治好了。只有这样，才会痊愈。否则，那病就一辈子好不了。这是神道的意旨，不可不信。”于是后人问前来者，那些人都说已痊愈了，没有人敢说毛病没治好的。这样搞下来，不过个把月，这位穷亲戚便成了巨富。

读罢此文，心生恍惚，尤如贾宝玉见了林妹妹，怎么看，都觉得眼熟。却原来，史如明镜，映出了红尘万丈之渊源。君不见，如今传媒上，铺天盖地的医疗广告诓吹疗效；医院门口，赶不尽的“医托”骗人求诊购药。想不到这些做法，一千七百年前葛洪笔下的马太守，早已做过。只不过，现在的人们，受的是利益的驱动；这位姓马的，则是利用了他太守的权力。坑人手法，古今沿袭，但最终受害的是谁，大伙都知道：还是老百姓啊！

五硬

《示儿》 明·支大纶

丈夫遇权门须脚硬，在谏垣须口硬，入史局须手硬，值肤受之愬须心硬，浸润之谮须耳硬。

支大纶是我们浙江老乡，他是明朝万历二年的进士，为人正直，为官有节。在这篇《示儿》中，他告诫儿子立身处世要做到五个“硬”：碰到权贵脚硬不屈膝；一旦参政口硬敢直言；记录史事手硬不护短；身受谗言攻击心硬不动摇（文中的“愬”同“诉”，即“诉讼”之意），听到诬陷之词耳硬不信邪。支大纶仕途并不如意，最终是死在奉新知县任上的。在官本位盛行和人际关系复杂的年代，一个七品芝麻官，能做到这样，确属难能可贵。

耕斋点评

贫甚奈何

《清代名人轶事》　清·葛虚存

大兴朱文正公，乾嘉时名臣也，崖岸高峻，清绝一尘，虽官宰相，刻苦如寒士，馈遗无及门者。与新建裘文达公最善。一日，至裘处，谈次忽叹曰：『贫甚奈何？去冬，上所赐貂褂，亦付质库矣。』裘笑曰：『君生成穷命，复何言。我管户部，适领得饭食银千两，可令君一扩眼界。』因呼仆陈之几上，黄封灿然，公注视良久，忽起手攫二元宝，疾趋登车去。

或以为清正廉洁之士，不是苦行僧，便是伪君子，其实不然。古往今来清官廉吏之中，不乏性情中人，清乾隆嘉庆年间的名臣朱珪，就是其中的翘楚。

朱珪进士出身，不但官运亨通，从福建粮道、按察史，一直做到翰林院大学士；而且学养深厚，年轻时写的文章，就深得乾隆皇帝的赏识，被钦定为皇太子的教师。他的这位学生，即后来的嘉庆帝，对老师十分崇敬。据说朱珪在外地任所时，光嘉庆写给他的信就多达139封，足见君臣间的感情之深。

朱的可贵之处在于：即使身居高位，仍能一尘不染，生活刻苦如寒士。他的作风也十分正派，四十多岁时老婆死了，从此独居不纳妾。

朱去世后，嘉庆皇帝追谥“文正”，并写了“抒情诗”吊唁：“半生惟独宿，一世不贪钱”，对朱的人品给予极高的评价。

朱的可爱之处在于：生活俭约，但并非不食人间烟火。朱与户部尚书裘文达最相知。一天，朱到裘家作客，谈话间忽叹息道：“这样的穷日子叫人怎么过呀？去年冬天皇上所赐的貂皮褂子，也已经送进当铺了。”裘笑道：“您生成穷命，有什么好说的。我管户部，刚领得饭钱千两，让您开开眼界。”便叫仆人将银两拿出来放在桌上，朱文正公盯着光灿灿的银子注视良久，忽然伸手拿了两只元宝，急匆匆登车回家去了。

朱珪这样的行事，令人信服。他清廉，是为了自己做人的良知和为官的操守，于是在公务上，他“崖岸高峻，清绝一尘”；而在好友面前，他仍是凡人一个，也哭穷，也伸手；而这一切，皆源自内心，正因为不是作秀，因此也更容易持守。

海瑞捎信

《与吕调亮书》

明·海瑞

今年春公当会试天下，谅公以公道自持，必不以私徇太岳；想太岳亦以公道自守，必不以私干公道也。惟公亮之！

豫所吕老先生。

这是海瑞写给大学士吕调亮（号豫所）的一封信。其时吕将主持每三年在京城举行一次的科举会试。

托关系、递条子，这是中国官场用人的潜规则，至今在一些部门仍屡禁不止。但海瑞写的这张条子却有点出人意料。内阁首辅张居正（号太岳）的儿子正好要参加这场考试，海瑞不但不为“首长”讲一句好话，反而提醒主考官吕调亮不可拍马屁徇私情包庇张的儿子。

这是要有点狷介之气的。滑头的人碰到类似的机会岂肯放过，他们也会写信递条子，或拉皮条、或表忠心，最“憨厚”的，也会吁请不要以这些小事去烦扰首长。

这是要有牺牲的决心的。张居正也算一个有作为的宰相了。他曾撰联提倡“一等人持家报国，两件事读书种田”，并上书神宗说：“今后用人，但问功能，不可拘资格。”但真的碰到了海瑞这样直言敢谏的人，也是头皮发麻的。史载：“居正惮海峭直，中外交荐，卒不召”，对海瑞，尽管朝廷内外反映很好，却始终不予重用。据说海瑞上疏嘉靖皇帝时，“自知触忤当死，市一棺，诀妻子，待罪于朝”，是做好了被杀的准备的。真是死都不在乎，还在乎头上这顶乌纱帽吗！

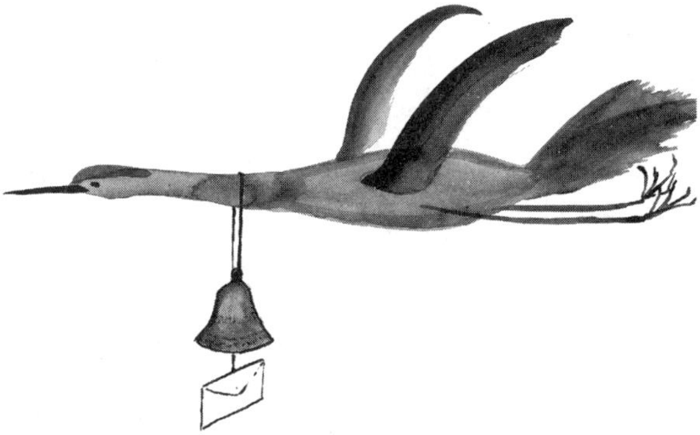

王质

《渑水燕谈录》

北宋·王辟之

初，范文正公贬饶州，朝廷方治朋党，士大夫莫敢往别，王待制质独扶病饯于国门，大臣责之曰：『君长者，何自陷朋党？』王曰：『范公天下贤者，顾质何敢望之？若得为范公党人，公之赐质厚矣！』闻者为之缩颈。

《岳阳楼记》“先天下之忧而忧，后天下之乐而乐”脍炙人口，北宋名臣范仲淹也成为中国士大夫忧国忧民的楷模。但当年却不是这样，范因为上书指责宰相吕夷简用人不公，不能选贤任能，而触犯朝廷，被贬饶州。仅仅是贬官，还没有坐牢杀头，你看满朝文武害怕牵连为“朋党”，竟没有人敢去送别。只有天章阁待制王质独自一人抱病为范饯行。同僚们问：“难道你就不怕被视为是范的朋党吗？”王答道：“范公是天下闻名的贤者，如能被他视为同道，那是我莫大的荣耀！”同僚听他这么说，吓得头颈都缩进去了。

追昔抚今，不禁想起了一件往事。上世纪五十年代初，当梁漱溟在政协会议上想据理力陈，表达自己对工业化进程的一点不同意见时，却遭到了台下与会人士的纷纷谴责。“会场内群众哄然而起，要求扯我下台，不容我再发言。”（《梁漱溟日记》）梁是知名爱国人士，全国政协委员这头衔后来也一直没有被撤掉，但就因为这样，便遭到了人们的围攻。趋吉避凶，这是人的本性，但过分了，便沦为了趋炎附势，如果作为天下良知的士大夫（知识分子），也都昧心地这样做，岂止范仲淹抑或梁漱溟一人一时的悲哀！

口碑在民

《与聂化南》　　明·袁宏道

丈口碑在民，公论在上，些小触忤，何足芥蒂！且丈夫各行其志耳。乌纱掷与优人，青袍改作裙裤，角带毁为粪箕，但辨此心，天下事何不可为？安能俯首低眉，向人觅颜色哉！丈负大有用之姿，具大有为之才，小小嫌疑，如洪炉上一点雪耳。无为祸始，无为福先，无为名尸，珍重！

明代袁宏道以“独抒性灵，不拘格套”倡导文学解放运动，是有名的“公安派”首领。袁中进士后，曾数度为官，又数度辞官，对封建社会官场的黑暗有切身的体会。他做吴县县令时，就曾写信给友人道：“弟作令，备极丑态，不可名状。大约遇上官则奴，候过客则妓，……一日之间，百暖百寒，乍阴乍阳，人间恶趣，令一身尝尽矣，苦哉！毒哉！”江苏吴县富庶，过往公差众多，作为地方官，要陪着笑脸恭候照应。这种差使，于醉心仕途者，不啻天赐的“公关”良机；而对性情中人袁宏道来说，真比下地狱还痛苦。

明于此，对袁宏道这封《与聂化南书》，就好理解了。信首之“丈”，是旧时对朋友的一种尊称。聂与袁是万历二十年同科的进士，在昆山当知县，宦途也不如意。袁劝他想开一点，人各有志，官场里的尔虞我诈不必纠缠在心上。大不了挂印而去，把官帽掷给戏子，官袍改作裙裤，腰带正好拆来编作捡粪的畚箕。只要有此不羁之心，天下什么事不可干，何必俯首低眉，看人家的脸色！大丈夫堂堂一表，满腹学问，昂扬天地间，何处不可立言立功立德，切不可被祸呀福呀名呀利呀这些世俗的东西所牵绊。

两得刺史

《唐国史补》　唐·李肇

陆兖公为同州刺史，有家僮遇参军不下马，参军怒，欲贾其事，鞭背见血，入白兖公曰：『卑吏犯某，请去官。』公从容谓曰：『奴见官人不下马，打也得，不打也得；官人打了，去也得，不去也得。』参军不测而退。

唐朝陆象先（兖是他的追赠封号）做同州刺史时，他的家僮在路上遇到了陆手下的一位参军，没有下马致礼。这参军想借这件事做文章，就用马鞭把家僮脊背打出了血，然后进去对陆说："下官冒犯刺史了，请撤我的职吧。"陆象先从容地说："奴才见了官长不下马，打也行，不打也行。参军既把他打了，撤职也可，不撤也可。"参军摸不透陆的心思，只好忐忑而退。

这是一个简单的故事，但仁者见仁，智者见智，对其的解读，就各不相同了。

有说陆象先"捣浆糊"的。就像初唐另一个宰相苏味道，此人迫于武则天的淫威，处世谨慎，说话"模棱两可"，后人贬称为"苏模棱"。而陆象先这样做，真的可与苏氏媲美。

有说陆象先"老好人"的。史称陆象先为政仁恕，反对严刑峻法。有一次，属下一个小吏犯了错，陆象先只是责备了他几句就算了。陆身边一位副官说："像这样犯错应该打板子。"陆象先说："人心都是差不多的，我这样宽恕地教育他，难道他会听不进吗？如果要用杖刑，下次从你开始怎么样？"那人被呛得无话可说。

陆象先有句名言："天下本无事，庸人扰之为烦耳。"认为很多事情，都是庸禄之徒自找烦恼惹出来的。只要弄清是非，正本清源，事情自然就简单了。

但我总觉得，陆处理"参军鞭仆"这件事，仅用"宽恕"来解释，恐怕还不能说透。否则，他只要说"得了，走吧"就可完事，何必绕来绕去说"两得"。我想，这应该是陆为官的权术。没有比抓住人家的小辫子，更能驾驭人了。

御史建言

《古今谭概》　明·冯梦龙

成化间，一御史建言顺适物情，云：『近京地方，行役车辆骡驴相杂。骡性快力强，驴性缓力小。今并一处驱驰，物情不便，乞要分别改正。』弘治初，一给事建言处置军国事，云：『京中士人好着马尾衬裙，因此官马被人偷拔鬃尾，有误军国大计，乞要禁革。』嘉靖初，一员外建言崇节俭以变风俗，专论各处茶食铺店所造看桌糖饼：『大者省功而费料，小者料小而费功，乞要擘画定式，功料之间，务在减省，使风俗归厚。』

笔者曾担任过两届杭州某区的人民代表。作为基层民选出来的代表，为排解百姓的生活烦恼向政府建言献策，是应尽的职责。高架路上的汽车噪声太大啦，城区河道里的水发臭啦，小区内的停车位太少啦……诸如此类的问题，都是代表们提案的焦点。近读明朝冯梦龙的《古今谭概》，居然发现这种事情古人也曾做过，且是一帮御史大夫之类的高官所为。

明成化年间的一位御史曾上书朝廷要体察物情，说是“京城附近，马路上骡车驴车混杂。骡子身强力壮跑得快，毛驴个小力薄跑得慢。而今挤在一处，相互妨害，拥堵不便，望能分道而驰。”弘治初年，一位衔称“给事”的朝官向皇上进言：“近来京城内的官员和读书人流行穿马尾衬裙，因此官马常常被人偷拔鬃尾。马少了尾毛，不利驰骋，一旦上阵，有误军国大计，望能禁止。”嘉靖初年，一位在京中担任“员外郎”的官员提议崇尚节俭以变风俗，他对各处茶食店铺所卖的糖饼作了专题调研，认为：“大的饼做起来省功但费料，小的省料却费功，希望朝廷能统一规格，省功减料，恰到好处，不求外观，但求实惠，以使奢靡之风得到纠正。”

其实，这类问题现在也有，譬如快慢车道不分，混合交通道路拥堵；中秋月饼过度包装奢侈浪费等等。无论是古代还是现今社会，能够关注这些细节，体恤民生，未尝不是好事。但《古今谭概》又名《古今笑》，冯梦龙是把此事作为笑话来揶揄的。他在文后批注道：“极小文章，生扭在极大题目上。‘肉食者鄙’，信然！”细思之，冯的话的确有道理。作为御史这类高官，身居朝廷中枢，理应把注意力集中在关乎国计民生的大事上，经济不管、灾民不顾、贪腐不抓……上书只言马尾巴毛这些小事，还上纲为军国大计，难怪要被正直的读书人冯梦龙笑话。

当然，官员们这样做，也从一个侧面反映了明朝舆论环境的恶劣。言大事、说真话，拂了龙鳞，动辄会脑袋搬家。既然拿着俸禄，老虎不敢打，那就拍拍苍蝇吧！但真正的好官不应该如此的。

喜戴高帽

《俞楼杂纂》　清·俞樾

俗以喜人面谀者曰喜戴高帽。有京朝官出仕于外者，往别其师。师曰：『外官不易为，宜慎之。』其人曰：『某备有高帽一百，逢人辄送其一，当不至有所龃龉也。』师怒曰：『吾辈直道事人，何须如此！』其人曰：『天下不喜戴高帽如吾师者，能有几人欤？』师颔其首曰：『汝言亦不为无见。』其人出，语人曰：『吾高帽一百，今止存九十九矣。』

想不到素以方正知名的清末朴学大师俞樾，也会写这样诙谐的文章。

有一个在京城做朝官的人被派到外地当官，临行时，去向他的老师道别。老师说："外地的官不好做，应当谨慎一些。"那人说："我准备了一百顶高帽子，逢人就送他一顶，可能不会和人产生矛盾了吧。"老师生气地说："我们读书人应该直率待人，何必给人戴高帽子呢?"那人说："天下像老师您一样不喜欢戴高帽子的人，能有几个呢?"老师微微点头说："你的话也不是完全没有道理。"那个人告别出来，对人家说："我的一百顶高帽子，现在只剩下九十九顶了。"

俗以喜欢人当面奉承自己者，为"喜戴高帽"，而这种陋习，事出有因。据清代乾隆年间学者翟灏考证，北魏时有一个儒生名叫宗道晖的，行为方式怪异，自我感觉却出奇的好。他平时喜欢戴一顶高翅帽，穿一双大木鞋。每当有省部级以上的高官莅临，他都会穿着这身行头前去拜谒，跪拜时一直把头叩到木屐上，极尽阿谀奉承之能事。后人就把戴高帽和拍马屁联系了起来。此种陋习产生的前提，是以高帽为尊荣。据说明朝初年，官员"乌纱矮冠"，尚不以高帽为荣。但到明中叶，则风气大变。如正德时兵部尚书王敞，"纱帽作高顶，靴作高底，舆用高杠，人呼为'三高先生'"。可见帽子由矮变高，反映的心理是：样样都要比人高出一等。

走笔至此，不得不说一下此文的作者俞樾先生，正因自身刚直，才会对这种"高帽"行径如此鄙夷。

俞樾是浙江德清人，道光三十年进士，殿试时，因曾国藩题"淡烟疏雨落花天"，俞答题中有"花落春仍在，天时尚艳阳"句，而为曾所赏识。俞后官至河南学政，却以所出试题中有"国家将亡必有妖"，被弹劾"有犯上嫌"，而撤职罢官。俞樾自此以著书授徒立命，绝意仕途。曾国藩督两江、李鸿章抚吴下时，都礼聘之，希望他能重新出山，但俞都不愿复出。

俞罢官后到了苏州，由友人资助建屋，并取老子"曲则全"之意，命名为曲园，自号曲园老人。并以"春在"作堂名，把自己250卷著作称为《春在堂全书》。

俞樾性雅不好声色，生活俭朴，卧起有节，保真持满，享寿八十有六，其著名的自挽联为：

"生无补乎时，死无关乎数。辛辛苦苦，著二百五十余卷书，流布四方，是亦足矣；

仰不愧于天，俯不怍于人。浩浩荡荡，数半生三十多年事，放怀一笑，吾其归欤!"

真是书生本色!

随侍子弟

《清波杂志》　宋·周煇

子弟随侍父兄显宦，不患人事不熟，议论不高，见闻不广，其如居移气、养移体何。一但从仕，要当痛锄虚骄之气。昔之照壁后訾相人物、指摘仪度，见其或被上官诋诃、进退失措者，莫不群笑，声闻于外，及今趑趄客次，庭揖而升，回视照壁后窃窥者，即前日之我也。

“子弟”这个词，不是随便可称的，阿狗阿猫的伢儿，怎能叫“子弟”？只有高官的孩子，才能如此称呼，所谓“高干子弟”是也。

但“子弟”的称呼，似乎总带有一点贬意，如“八旗子弟”、“纨绔子弟”，都有“抬不起的阿斗”、“垮掉的一代”之嫌。

平心而论，南宋周煇在此文中对“子弟”的评价，倒是少见的公允。

周煇虽然一生不仕，晚年定居在杭州，“居清波门，日往来湖山间，把酒赋诗，悠然自得其乐。”但由于其父周邦一直在各地任幕职当师爷，周煇年轻时随侍左右，所以对官场的内幕和潜规则，有较深刻的认识。

周煇认为：高官显宦的子弟，整天陪侍父兄在官场里混，不担心人头不熟、见闻不广、所发的议论水平不高。这就好像居住的环境会改变一个人的气质，摄入的营养会改变一个人的身体，是一样的道理。但一旦这些子弟自己踏上仕途，当务之急，就是要痛下决心扫除虚骄之气。那些昔日在照壁后指指点点，挑剔人家的仪表风度，说别人坏话的孩子，看见有些下级官员被上司指责、进退失措，没有一次不是群起哄笑，讥笑之声连外面都听得清清楚楚。而今轮到你涉足官场了，在上司的庭院里迟疑着不敢前行，一路作着揖拾级而上走进厅堂，回视躲在照壁后那偷着乐的小子，不正是过去的自己吗？

某地有家剧院的楹联说：“天地间一场大戏，古今人俱是角色。”不光是官家子弟，就是平头百姓，何尝不是这样。横挑鼻子竖挑眼，“这里不该，那里不像……”台下说说都是容易的，如果要你上台，能不能做得更好？我看难说！这正如另一幅对联所说：“新戏好，旧戏也好，谁唱得好就算谁好；古人能，今人更能，你演得能方称你能。”说得真好！

后　记

对出版界前辈、曾任岳麓书社总编辑的钟叔河先生，我是十分敬仰的。他所著《学其短》等古文今评，我常放案头，不时翻阅，十分喜爱。近年有暇，得以兼编所服务的《钱江晚报》副刊《晚潮》。鉴于时下报章长文成风，为提倡短文，便不自量力，东施效颦，也在报上开辟了一个小栏目，每周一期，每期选一篇百字左右的古文，我以“耕斋”为笔名予以点评；为增加可读性，且自己动手配以图画，为读者助兴。这栏目至今已坚持了三年多，得稿一百五十余篇。初夏，浙江大学出版社的编辑宋旭华先生主动找上门来，想将此栏目的文稿汇编成书出版。

说来有趣的是，宋先生原想请我这个“责编”介绍那栏目的作者商谈出书事宜，他本以为点评者“耕斋”一定是哪所高校教历史的老先生，配图大约是哪位专业画家所为，当得知图文皆出自本人之手时，着实有点惊讶。我说，自己一直喜欢读野史写杂文，此栏目的文章如果还有点可看，那全是因为历代贤哲见闻的精到和为文的精彩。至于画画，那也是自己多年的业余爱好，未曾受过专业训练，只能取巧以漫画手法自掩其拙，信手涂鸦，不登大雅之堂的。

为写这些短文，这几年，我买了不少史籍，借用台湾作家李敖的说法，如今大家都忙，没有工夫读书，我有点余暇就来帮大家读书，看到好的文章，便推荐给大家。起初我选的都是一些百字美文，后来看到如今官场的一些做法，不少古代也都发生过，便将注意点集中在了这些史料的搜集和评点方面，觉得这样为文，可能对反腐倡廉有更强的现实针对性。出版社也认同这样的选题。书名定为《当官不容易》，有两层意思：一是正面理解，做官者理应有更高的人格要求，要践行不容易；二是从反面看，一些官场钻营拍马尔虞我诈，置身其中，也不容易。

此书出版在即，出版社要我约请名家写个序言，我私心以为，我的这个栏目和文章能得到读者的认可，实在是得益于钟叔河先生《学其短》、《念楼学短》的影响，故托友人引荐，冒昧写信到长沙请钟老作序。想不到钟老还真答应了我的请求，很快为我寄来了一篇有史实有高见的序文，真的令我喜出望外。我与钟老素昧平生，自己所写短文辞意浅陋，恐也难入钟老法眼，他能屈尊为我写序，我想除了表示对后辈的提携外，或以为"当官不容易"这个话题，在时下还值得一说吧！

赵力行

2008 年 11 月 23 日于杭州

图书在版编目(CIP)数据

当官不容易/赵力行著. —杭州：浙江大学出版社，2009.1

ISBN 978-7-308-06462-0

Ⅰ. 当… Ⅱ. 赵… Ⅲ. 领导人员—修养—通俗读物 Ⅳ. C933-49

中国版本图书馆 CIP 数据核字(2008)第 201704 号

当官不容易

耕斋点评

耕斋插图

责任编辑 钟仲南

文字编辑 宋旭华

出版发行 浙江大学出版社

(杭州天目山路 148 号 邮政编码 310028)

(E-mail：zupress@mail. hz. zj. cn)

(网址：http://www. zjupress. com

http://www. press. zju. edu. cn)

电话：0571－88925592，88273066(传真)

排　　版 杭州大漠照排印刷有限公司

印　　刷 浙江中恒世纪印务有限公司

开　　本 787mm×1092mm 1/16

印　　张 16

字　　数 287 千

版 印 次 2008 年 12 月第 1 版 2008 年 12 月第 1 次印刷

书　　号 ISBN 978-7-308-06462-0

定　　价 28.00 元